文彭传

郦英南　陈菲　著

南京历史文化名人系列丛书

凤凰出版社

南京市文化和旅游局
南京市博物总馆
编

图书在版编目（CIP）数据

文彭传 / 郦英南，陈菲著. -- 南京 ：凤凰出版社，2019.12
（南京历史文化名人系列丛书）
ISBN 978-7-5506-3079-6

Ⅰ. ①文… Ⅱ. ①郦… ②陈… Ⅲ. ①文彭（1498-1573）－传记 Ⅳ. ①K825.7

中国版本图书馆CIP数据核字(2020)第003124号

书名	文彭传
著者	郦英南 陈 菲
责任编辑	尤丹丹
出版发行	凤凰出版社(原江苏古籍出版社) 发行部电话025-83223462
出版社地址	南京市中央路165号,邮编:210009
出版社网址	http://www.fhcbs.com
照排	南京凯建文化发展有限公司
印刷	江苏凤凰通达印刷有限公司 南京市六合区冶山镇,邮编:211523
开本	718×1005毫米 1/16
印张	8.25
字数	123千字
版次	2019年12月第1版 2019年12月第1次印刷
标准书号	ISBN 978-7-5506-3079-6
定价	68.00元

(本书凡印装错误可向承印厂调换,电话:025-57572508)

《南京历史文化名人系列丛书》编委会

序 言

南京古称金陵、建邺、建康等，是素负盛名的“六朝古都，十朝都会”，与北京、西安、洛阳并称为中国四大古都。南京在历史文化上的独特性，体现在曾多次承担过中华民族救亡图存、走向复兴的历史责任与历史使命。在历史文化的视野下，把南京置于国家民族的历史长河中，探寻这座城市对于中华文明所起到的作用，会发现在中国历史上，没有哪一座城市像南京这样，与中华民族的命运如此紧密地联系在一起。

2500多年的建城史，450年的建都史，使得南京在历朝历代都涌现出许许多多为中华数千年文明作出过重要贡献的杰出人物，他们广泛地活跃在政治、经济、军事、文化、艺术、宗教、科技、曲艺等方面。在这些“立德、立功、立言”的杰出人物的身上，集中体现着中华民族精神的标记，印证着历史人文精神的深邃。虽然这些历史身影已随着逝去的时代而远去，但他们留下的物质或非物质的印记，作为后来者追慕先贤、思索人生、承继前行的路标，仍然是南京乃至中华民族弥足珍贵的文化资源和极其宝贵的精神财富，是中国历史文化脉络的重要组成部分，更是加快南京历史文化名城建设不可或缺的要素。

2014年初夏，南京市政府根据“十二五”规划文化建设中提出的传承创新、推动文化大发展大繁荣的要求，出于充分挖掘、利用南京在历史名人资源方面的优势，彰显南京独特的历史名人文化，进而发挥文化引导社会、教育人民、推动发展的功能，增强民族凝聚力和创造力的目的，要求南京市文化广电新闻出版局及其下属单位在调查研究的基础上，提出切实可行的南京历史文化名人展示工作的实施方案。

客观、科学地界定南京历史文化名人，按不同的时代、不同的系统梳理罗列出来，不是一件容易的事。新成立的南京市博物总馆文化遗产保护研究所具体承担了起草《南京历史文化名人展示工作实施方案》的工作，在经过了近一个月披沙拣金般的梳理与遴选后，研究所的同志们按时交出了一份包括近400位待选的南京历史文化名人小传的征求意见稿。此后，在南京市委、市政府、市政协主要领导的关心与支持下，南京市文化广电新闻出版局就如何实施南京历史文化名人的弘扬与展示工作认真调研，反复斟酌，并召开了多次由市领导与南京大学、南京师范大学、南京博物院等专家学者参加的专题论证会，最终在集思广益达成的共识的基础上，甄选出首批共79位在南京乃至国内外都有一定历史地位、在彰显南京历史文化方面具有一定代表性的南京历史文化名人，并确定了在深入挖掘其内涵的基础上，采用雕塑创作、遗址与博物馆建设、遗迹修缮、深度挖掘出版、文艺创作等5种向全社会推介展示这些南京历史文化名人的方式。

这其中的深度挖掘出版方式，指的是在采撷、整理文献史料的基础上，编辑出版以南京历史文化名人为系列的名人传记或故事，适用于那些历史文献和地方志书中虽有明确记载，对南京历史文化发展也有较大影响，但其相关遗迹、遗存尚不确定的南京历史文化名人，藉以系统地呈现南京历史文化，进一步增强南京文化软实力与综合竞争力。采用深度挖掘出版方式予以宣传推介的南京历史文化名人的人选，包括三国时期的书法家皇象、佛经翻译家支谦，东晋时期的道教学者葛洪、美术家戴逵、名僧暨佛经翻译家法显，南朝刘宋时期的天文学家何承天、史学家范晔、文学家刘义庆，南齐的开国皇帝萧道成、画家陆探微、诗人谢朓、美术评论家谢赫，南朝齐梁时期的文学批评家钟嵘，唐代诗人王昌龄，明代文学家宋濂、学者焦竑、书法篆刻家文彭，明末清初的竹刻艺人濮仲谦，清代文学家方苞，近代建筑设计师亨利·墨菲共计20人。该项工作由南京市文化广电新闻出版局负责。

考虑到社会影响并兼顾大多数人的接受程度，南京市文化广电新闻出版局与南京市博物总馆的主要领导认为《南京历史文化名人系列丛书》的编撰和出版工作应尽可能达到如下几点要求。一是实事求是，科学取舍。要运用历史唯物主义观点和方法收集资料，去粗取精，去伪存真，力求内容的史料性、思想性和资料性的统一。在尊重历史真实的前提下，对涉及政治、民族、宗教等重大敏感问题，在史料取舍与叙述上，谨慎科学处理。二是主题突出，详略得当。在具体的文字内容上，应包括上述各南京历史文化名人的生平事迹、主要成就及其对后世的影响，并尽可能将每个人物的成就及其与南京之间的关系或联系，在书中予以浓墨重彩地展示。三是深入浅出，通俗易懂。丛书的篇幅不宜过长，避免阳春白雪、曲高和寡，编撰行文应言之有物，但在行文中仍然务需严谨、规范，所使用的材料要求有来源、有依据，注重和突出面向大众的宣传、推介效果，争取较强的可读性，力求做到雅俗共赏。四是图文并茂，引人入胜。作为一部介绍历史名人的图书，在诸方面要凸显其文化特点和艺术魅力，每本书宜在行文中都配附一定数量、与书籍内容相关的图片，做到图文并茂，雅俗共赏。

这样一套面向社会大众的普及性质的读物，自然不宜高头讲章般的满是庙堂之气，但学术层面的严谨和求实，也都必须遵循而丝毫马虎不得，因而对于编写工作的要求其实是相当高的，所以寻找合适的作者自然也就成了让人头疼不已的事。在这一方面，南京市博物总馆下辖的文化遗产保护研究所为之付出了艰苦的努力。

我们编纂这套《南京历史文化名人系列丛书》不仅仅是为了让来者见贤思齐，心追范式，更主要是为了让后人通过读史而能自省，深入发掘、总结、提炼中国历史文化中的优秀精神，推动社会主义精神文明和物质文明协调发展，古为今用，洋为中用，把中华民族的优秀传统转变为现实中有生命力、有影响力的东西，从而进一步增强民族自信心和凝聚力，为促进中国特色社会主义文化建设的健康发展，激发全民族文化创新创造活力，不断铸就中华文化新辉煌，尽一份绵薄之力。

鉴于《南京历史文化名人系列丛书》所涉部分历史人物可资参阅的史料极其有限，加之编写时间匆促，本书难免存在这样或那样的缺憾。在此诚恳希望专家读者多加指教，以便有机会再作修改与补充。

2018年3月

目　录

引　言

国子监是中国古代隋朝以后的中央官学，为中国古代教育体系中的最高学府，又称国子学或国子寺。南京国子监始建于东吴永安元年(258)，规模宏大，延袤十里，灯火相辉，盛况空前，当时邻邦高丽、日本、琉球、暹罗等国“向慕文教”，不断派留学生到南京国子监学习。明代在鸡笼山下四牌楼设国子监，北及鸡笼山，西至进香河，南临珍珠桥，东达小营，覆盖今天成贤街两侧东南大学及周边地区，鼎盛时期，建有四座牌楼，故得名“四牌楼”。明朝时期行使双京制，在南京、北京分别都设有国子监，设在南京的国子监被称为“南监”或“南雍”，而设在北京的国子监则被称为“北监”或“北雍”。被后人推为明清篆刻艺术流派鼻祖的文彭，曾历任南、北两监的国子监博士，所以有“两京国子博士”之称。文彭的一生，可谓与金陵息息相关：在其以岁贡生廷试第一授嘉兴府学训导之前，每隔三年便会赴南京参加乡试；考取功名后又曾长时间任职于南京，与金陵文人交游甚广。

文彭，字寿承，号三桥，别号渔阳子、三桥居士、国子先生，明湖广衡山人，系籍长洲(今属江苏苏州)。文徵明长子。以明经廷试第一，授秀水训导，官国子监博士。文彭先祖时居四川成都，南宋时期，因其祖上官衡山教授，而迁家衡山(今湖南衡阳)，后世子孙皆以此为籍。文彭的高祖父文惠因入赘于苏州张声远家，文氏家族这一支便定居苏州，成为苏州长洲文氏的始祖。

作为明代中后期的名家，文彭被后人推为文人篆刻的鼻祖；其实文彭是集诗、书、画、印、鉴于一身，可谓名门之后，一代巨匠。文徵明一直以文宦世家自视，但却九赴乡试而不举，一生仕途艰难，最后取了一个从九品的翰林院待诏的闲职，任上又被同僚妒忌，郁郁不得志，仅维持三年后，便告老还乡。因此文徵明对儿子可谓是寄予厚望。也正是由于父亲的影响，文彭的一生不仅追求自身艺术成就，对功名也同样是非常重视，并为此作出了毕生的努力。

“彭”是象声词，源自敲鼓声。《说文》记载：“彭，鼓声也。从壴，彡声。”“壴”表示鼓的形状，“彡”表示连续敲鼓发出的声音，有吉利、多彩之意。彭祖“籛铿”以传说中惊人的寿命而闻名于世，因此“彭”还带有长寿之意。在文彭七十六载的人生当中，工书画，精篆刻，能诗，擅鉴；授“两京国子博士”；其成就与贡献，也正如其名一样，成为艺术长河中的一颗多彩明珠。文彭又号“三桥”，他的号来自祖居停云馆所处的地理位置：“德庆桥……崇利桥……停云桥，德庆桥北侧，与前二桥连，呼三条桥”。由名而字，由字而号，他又被世称“文国博”，文彭一生的印记也与其名号互相映照。

公元1497年[①]，也就是弘治十年丁巳的四月十三日，文彭出生于雁门茂苑。雁门乃郡名，茂苑即长洲，也就是今天的江苏苏州。自明弘治，历正德、嘉靖至隆庆的八十四年中，以苏州为中心的经济与文化高度发展，因此明代时期的苏州成为后人关注的焦点。明代中期以来，随着江南一带经济的发展，促使市民阶层的出现，从而导致市民文化与审美意识的滋长。与此同时，诸多的文化艺术群体如“吴门画派”“吴门书派”和“吴门印派”等纷纷诞生，这些艺术群体均在中国艺术史上留下了辉煌的一笔。而值得我们关注的是，吴门的诸多流派都与苏州文氏有着不可分割的联系：吴门画派兴于沈周，成于文徵明；吴门书派经徐有贞、沈周、李应祯和吴宽等人传至祝允明、文徵明，奠定了书派的繁盛局面；吴门印派更是文彭和其父亲文徵明合力创办的印学流派。明代中期，江南一带的社会发展迅速，苏州是这一区域的文化中心之一，文彭

① 周新月先生在发表于《书法研究》1989年第4期的《文彭事迹考证札记》一文中指出：几乎所有的工具书和著述都依据《疑年录汇编》，将文彭的生年写作1498年，即明孝宗弘治十一年戊午。而据《文氏族谱续集》所载，文彭生于明弘治十年丁巳四月十三日，弘治十年丁巳为公元1497年。《文徵明集》中同样记载：在文彭满月时，其父文徵明曾设席宴请亲友并赋诗纪之，有小序云：“贱子今年四月十又三日始举一儿，弥月之期薄有汤饼之设，因识二诗，邀在席诸君同赋，是岁弘治丁巳，予年二十有八”；再者，弘治十一年，即公元1498年，文徵明又有诗，题为《儿子晬日口占二绝句》（晬日，即周岁），由此可证，文彭的生年确为1497年即弘治十年丁巳无疑。故此处将文彭的生年定为1497年。

自小就受到该地区域文化氛围浸染，年少得志，侍父交游；潜心艺文但却十试不举，终以岁贡生入仕途，游历三郭，终其一生研习诗、书、画、印、鉴，遂成一代宗师。

公元1573年，也就是万历元年，文彭本打算在致仕后的第一个春天“扁舟南下”回到自己的苏州老家，在元旦接受祝拜时感慨道：“吾宦历两京，年近八旬，子孙成立，今又得完名乞还，幸矣幸矣。吾其逍遥石湖、虎丘之上，以乐余年，不亦可乎。”并作《乞休致喜》诗：

青衫白发赋归欤，六馆横经九载余。
承乏独惭縻廪禄，引年三上乞休书。
圣恩浩荡容投老，茂苑荒芜有敝庐。
待得春风开冻后，扁舟南下乐何如。

而在当月的二十日，文彭竟未能熬到这年的春天，便客死京城，最终由其长子文肇祉扶柩归吴，最终归葬于石湖西梅湾山之翔凤岗。

纵观文彭的一生，从其出生伊始，便是站在巨人的肩膀之上，加上自幼聪颖过人，才华横溢，诗书画印，无所不能；虽十试不获，但终以廷试第一授功名，世称“两京国子博士”。为其撰写墓志铭的南京上元人许穀，与文彭是世交，许穀父亲许隚的墓志铭也恰好是文彭父亲文徵明撰写的，许穀在文彭的墓志最后铭曰：

有斐博士，振秀名门。摛词不竭，洒翰如神。献珍天府，曳组成均。匪俗斯兢，惟古是循。以位则诎，以道则尊。修龄羽化，芳声永存。爰偕二配，先后藏真。事报孔迩，美哉后昆。

文彭生平致力于艺术的实践与探索，文氏一门也是声名远播，文学艺术成就可谓光辉熠熠。从一定意义上说，文氏家族的文艺成就部分地展示了江南地区文学艺术的实力和风貌。文彭生平的研究资料并不多，且大多数的研究集中在其篆刻艺术与成就方面。本书旨在从文彭所处历史阶段的分析着手，分析明代中后期江南社会的政治经济形势，以及在此种态势下的文化艺术发展主要表现；在对文彭所处的时代大背景进行详细梳理的基础上，先从文彭所属的文氏家族展开讨论，结合其不同的人生阶段，结合史料展开，展示文彭生平的主要事迹，并对文彭的交游圈落与师承关系进行整理；最后是对文彭在绘画、篆刻、书法、诗文、鉴赏五方面艺术成就进行具体的分析，并探讨文彭取得诸多艺术成就背后的因素。（图一）

图一　文彭像

第一章　明中后期的江南社会与文化艺术

了解文彭的一生，考察文彭的艺术、思想、成就等，必须历史地看待他。文彭所处时代的江南社会，以及此时江南地区的文化艺术发展态势，对文彭自己，对文氏家族有何影响？社会的大环境与文彭性格、仕途、艺术创作又存在何种关系？

第一节　文彭生活的江南社会

"江南"最初为一个地理概念，随着时代的发展，逐步被赋予更多的文化意蕴。在不同的时代背景下和不同的学者眼中，"江南"的范围并不是一成不变的。一般而言，明代"江南"地区的范围，包含了南直隶（明代设立的省级行政单位，范围大致为今江苏、安徽和上海全境）、浙江布政司、江西布政司三个行政区域。

江南社会和社会生活的一系列变化是在政治、经济、文化、社会、生态环境、传统风俗等众多因素的综合作用下发生的。自新石器时代开始，今苏南、浙江一带的江南地区因其特殊的生态环境，已形成有别于中原的区域文化特色。在此后的历史进程中，由于多次经济、文化重心的南移，及地区间的不平衡发展，至明代中后期，江南地区已成为全国的经济、文化中心，社会结构、社会生活、社会观念等也发生了剧烈的变动，从而呈现出全方位超越北方的态势。其社会状况、人际关系乃至衣食住行、社交礼仪、民间社团、婚丧喜庆、宗教信仰、岁时节日、文艺娱乐等，除传承原有的地方特色外,更表现出一种有别于传统农业社会的新风貌。[①]

正德以后的江南地区,从衣食住行到社会风尚,皆发生了一系列颇为显著的变化。文彭生于弘治十年(1497),至万历元年(1573)去世,其活动的年代恰好为明代中后期的开端。江南社会此时的大环境是怎样的?江南社会和社会生活的一系列变化,又是否对文彭的方方面面产生了影响与冲击呢?

一、中央集权的削弱与政策的变调

明朝在建立之初,对旧体制在沿袭的同时也进行了强化。朱元璋上台以后,他吸取历代统治经验教训,削弱相权;在军事上析分军权,设置卫所;地方行政上设"三司分省政",使地方集权于中央。在"收天下之权以归一人"后,明代的中央集权真正做到了"集权于上,分权于下",正如钱穆在其《帝王与士人》一书中总结道:"有明一代,文网之密,廷杖之酷,厂卫之虐,使朝堂之上弥漫着一股肃杀之气。"如果说明代初期的统治者,凭借其强有力的专制手段、超越常人的勤勉视政和精明狠毒的驭下之术,还能使这架国家机器正常运转的话,那么其后代既无才又不勤勉,问题就渐渐显露出来了。

文彭所处的时期,实际上是明代中后期的开端。这一时期,表面上强有力的中央集权,却因为最高统治者的能力问题,控制力不断削弱,而伴随中央集权控制的不断削弱,地方意识逐渐增强,离心倾向暗自萌动。从文彭出生伊始,就有正德年间安化王朱寘鐇和宁王朱宸濠的先后叛乱,而到了文彭去世的万历年间,党争激烈,群臣以地域关系结成政治集团,有所谓的东林党、浙党、秦党、齐党、楚党、宣党、昆党等,从中也或隐或显地反映出阶层和地方利益的驱动。

渐呈"土崩瓦解"之势的中央集权统治对社会和社会生活的影响是深刻而复杂的。文彭生活的江南地区,展现得尤为明显:江南人士开始日益增强自身政治意识,政治热情也不断高涨,同时也逐渐形成了激愤与退隐互补的人生态度,中央集权统治对地方的严密控制日趋削弱、软化、松动

① 陈江:《明代中后期的江南社会与社会生活》,华东师范大学2003年博士学位论文,第35页。

后，地方的发展获得一定的自由空间，经济方式、社会观念、生活趋尚的江南社会此时出现了猛烈的反弹，焕发出很大活力，从而绘制出一幅光怪陆离的生活图景。江南社会的变动与明代的集权统治很明显地形成了逆向的走势，多元化取向和消费风气的越礼逾制也因此有了可能，这也就从社会基础层面促进了明代中后期的江南地区文化迅猛发展，并以此为中心开展了各类艺术品的创作、交易、鉴藏等活动。

明代在社会、经济方面的基本国策是重本抑末、打击富户、提倡节俭、禁止奢靡，同时对江南富户的打击也极为严厉，但江南地区经过历史上多次经济重心的南移，至宋元时期，社会经济之繁荣已令全国瞩目，商品性农业已出现，蚕桑丝织发展迅速，苏州、杭州、南京、镇江等大城市的工商业十分活跃，州县城市和市镇也相继兴起。但明代初期的基本国策对江南地区影响尤大，基本遏制了江南社会经济的多元化发展。伴随着明王朝财政负担日益沉重，朝廷所征商税的名目日渐增多，税率也不断加重，因此对江南地区工商业者盘剥尤甚；但同时也说明，统治者从自身利益计，已难以严格实行明初那种抑商政策。仁宗、宣宗以来，“提倡节俭、禁止奢靡”的“祖制”，逐渐被束之高阁。江南的经济活动和生活方式逐渐回归其原先的轨道，并加快了发展步伐。文彭自幼生活的苏州，便是江南社会的一个缩影：

> 吴中素号繁华，自张氏之据，天兵所临，虽不被屠戮，人民迁徙实三都、戍远方者相继，至营籍亦隶教坊。邑里潇然，生计鲜薄，过者增感。正统、天顺间，余尝入城，咸谓稍复其旧，然犹未盛也。迨成化间，余恒三四年一入，则见其迥若异境，以至于今，愈益繁盛，闾檐辐辏，万瓦甃鳞，城隅壕股，亭馆布列，略无隙地。舆马从盖，壶觞罍盒，交驰于通衢。水巷中，光彩耀目，游山之舫，载妓之舟，鱼贯于绿波朱阁之间，丝竹讴舞与市声相杂。凡上供锦绮、文具、花果、珍羞奇异之物，岁有所增，若刻丝累漆之属，自浙宋以来，其艺久废，今皆精妙，人性益巧而物产益多。①

① 王锜：《寓圃杂记》卷五《吴中近年之盛》，中华书局，1984年版，第42页。

由此可见，伴随着中央集权的削弱和原本国策基调的转变，江南地区人文荟萃、经济繁荣，农业、手工业和商业之发达皆为全国之最，成为明王朝倚仗之财赋命脉。此种社会生态，自然对文彭人生经历、仕途追求、社会交往、艺术成就产生了诸多影响。也正是因为此种社会政治生态的转变，文彭所处的江南社会才会为文彭提供成熟的人文环境，萌发其对艺术多方面的追求，也最终促使其成为一代大家。

二、经济结构的变动与社会流动的活跃

明代中后期江南经济的多元化发展，是在地理的、历史的、现实的诸多原因综合作用下出现的。商品性农业已有长足发展，除商品性稻米外，还有多种经济作物。民营手工业同样兴旺发达，有多达上百个种类和行业。商业的繁荣则尤令人瞩目，商品交换十分频繁，商品流通量剧增，流通的范围也空前扩大；商品市场的发育也达到相当的高度，在村镇、县府等星罗棋布、大小不一的市场基础上形成了市场网络。与工商业的迅速发展相应，明代中后期，江南各地的工商市镇如雨后春笋，蓬勃兴起。

经济的多元化和市镇的勃兴对江南社会和社会生活的影响是极为深刻的：原先简单质朴的生活方式和社会关系发生了巨大变化。生活节奏普遍加快，社会联系更为密切，人际交往的途径和范围也大大扩展。人与人之间发生了政治、经济、文化、社会等多方面的联系，使得传统的价值观念、人生追求、社会思想、伦理道德等，也都受到严重挑战，发生了剧烈动摇。经济的多元化发展使江南得以维持较高的生活水平。伴随着商品交易的增加与繁荣，人们的消费观念也随之发生较大变化，在温饱之余“追新慕异”，消费于文化、娱乐等精神生活方面。市民阶层不断壮大，不仅在衣、食、住、行上表现出不同于传统农家的趋尚，而且在文学艺术、游戏娱乐、节日活动、信仰习俗等精神生活的各个方面，皆体现了自己的情趣和意愿，江南地区的社会风貌也因此出现许多新颖奇异的色彩。

与经济结构变动相对应的是，明代中后期江南社会的社会流动异常活跃，不同社会地位的阶层所作的垂直式转换较以往及其他地区频繁得多，这也促使传统的四民界限已渐趋淡化和模糊。农家卷入商品经济后，亦农亦工、亦农亦商堪称寻常之事，而儒士、官宦与工、商的渗透、融

合也成为十分普遍的现象。明代中后期江南地区所出现的这一社会状况，表明传统的社会分层正处在剧烈的变动之中，新的分化与组合正在酝酿。

三、区域文化的发展与传统习俗的延续

江南地区在物质生活和精神生活的各个方面，皆形成其特有的民风民俗。尽管明代中央政府对地方实行了强有力的干预和制约，但传统习俗对社会的影响力始终顽强地表现出来。历史上多次经济中心的南移，实际上也是文化中心的南移，因此，唐宋以来，江南乃“人文荟萃之地”，由于文化、教育事业的不断发展，江南科第居天下之先，除家学渊源、经济实力等原因外，整个地区的文化、教育水平较高更是一个重要因素。同时，江南崇学好学的风气自唐宋以来就十分兴盛，“万般皆下品，唯有读书高”的传统观念，加之获得功名后享受的特权和优惠，使得崇学之风有增无减，人们对文化教育的重视程度也不断提高。“江南八府中，文教之盛，苏、松为最，但其他六府，除镇江稍差外，大体相去不远”[①]，可见江南社会文化、教育的整体水平居全国领先地位是毫无疑问的。

区域文化的发展和文教水平的提高，一是促进了文化类商品的生产与消费，明代中后期，江南著书、刻书、藏书之风极盛便是一例。二是提高了社会各行业的文化知识含量。商业活动需要一定的文化知识，经营文化类商品，专业知识的要求自然更高，所以江南商贾的文化程度普遍较高，精于计算，善于改进管理，使自己取得较大成功。三是推动了雅文化与俗文化的相互渗透与融合。作为精英文化代表的文人学者和书画名家也被卷入社会变动的浪潮之中。学问家、藏书家致力于校书、刻书，既是一种文化行为，但也不乏牟利的动机，与此同时，具有一定文化知识的工商市民也表现出对雅文化的仰慕与向往。正是在精英阶层和市民阶层的共同参与、推动下，江南文化的发展呈现出雅俗合流、雅俗共赏的面貌与特征。

---

① 据范金民《明清进士数量、地域分布及其特色分析》一文统计，明代江南进士中，苏州为1025人，松江为424人，常州为636人，镇江为187人，江宁为357人，杭州为477人，嘉兴为471人，湖州为287人。据此，各府的文教情况大致可以想见。

第二节 江南地区文化艺术的态势

明初统治者大力推行程朱理学,实行八股取士,禁锢了世人的思想,对文化艺术创作及发展也有明显的消极影响。同时,粗暴的文化专制政策,使得帝王意志和封建正统观念在文艺中占据着突出地位:以书法为例,为了迎合帝王的爱好和体现皇家的气派,书法风格逐渐形成了中和端庄的“台阁体”,虽有雍容华贵的皇家气象,但却刻板划一,最终导致了千字一题,千人一面,扼杀了书法艺术的个性和创新;绘画方面,同样缺乏有感而发的情感和激情,缺少相应的艺术感染力。总体而言,明初的文化专制政策,给艺术带来的破坏性影响极大,从洪武到成化的一百多年中,各类好的艺术作品几乎不可见。江南地区除去前文述及的重赋问题外,文化的压制也是空前的。其中,以洪武三十年(1397)的“南北榜”案最甚:尽黜南士,悉取北士,对江南士人的打击可谓空前;之后出于权力制衡的考虑以南卷、北卷、中卷确定取录名额,这对文教水平最高的江南地区实为一种并不公正的限制,这也可窥见文彭在六十岁之前,十次参加科举,却屡次落榜的原因了。

至弘治、嘉靖年间,“前后七子”针对“台阁体”的艺术形式和文坛的萎靡风气,提出了“文必秦汉,诗必盛唐”的复古主义口号,这场从弘治到万历间持续百年的诗文运动,影响很大,“前后七子”所提出的复古观念,对于江南地区文化艺术的影响十分深远。明代文学复古运动,直切论之,是对明中叶以后日趋尖锐的种种社会矛盾的反映。远而言之,则是对明初以来思想文化高压政策的萎靡不振之诗风文风的反动。然而,明代文学复古运动的出现,还有更深刻的历史原因,它实际上是整个中国古典审美理想和古典诗歌审美特征发展变迁的必然结果。[①]“前后七子”的诗文复古运动,并不只是单一的文学现象,而是明代中叶掀起的文化复古思潮的一种表现形态而已。换言之,明代诗文复古,是在文化复古大背景下的文学变奏。

① 廖可斌:《明代文学复古运动研究》,上海古籍出版社,1994年版,第39页。

由于缺乏锐意创新的进取精神，力图振兴正宗文学的明代复古主义者不可避免地走向了失败，但却间接地促使了民间文化的迅猛发展，在一定程度上改变了原有的文化分野格局，使得上层文化不断向通俗化发展，民间文化自身又不断提炼与提高，其中一些文人士大夫发挥了重要的作用。文人士大夫一方面通过吸收和加工一些本属于民间文化的东西，创造出一种能够使雅俗共赏的文化作品，供上层社会欣赏和享用，如民间戏剧走进了皇宫，民歌成为士大夫们猎奇的对象，晚明小品文更加贴近生活等；另一方面，他们又对民间文化有着深入了解，在对民间文化的总结和推动方面起到了相当关键的作用。总之，明代民间文化的发展及层间文化的互动促进了明代文化的多层发展，这也成就了一个时代文化的特点。

伴随着明代中叶意识形态的失控，中央集权的逐渐削弱，地方意识也逐渐觉醒。明代中叶的艺术有了明显的发展，戏曲、音乐、绘画等领域都出现了一批重要的作品；江南地区内区域文化的发展，促使明代中后期江南地区呈现出了文化雅俗合流、雅俗共赏的局面，文豪诗杰多出江南，吴门书画独主艺坛，此时人文荟萃的江南为全国文化中心，已是不争的事实。此时的江南社会，在艺术方面的发展，已经基本摆脱了政治上严格的束缚，朝着更加自由的方向发展，各行各派的艺术家们不遗余力地创作出了丰富多彩的艺术作品，在各自的艺术领域都取得了较为丰硕的成果，其中许多艺术作品从明中期开始逐渐走向全盛时期。

文彭所处的江南社会，其艺术发展态势主要体现在自由创新的创作与多样的成果两方面。

艺术创作的自由与创新，成为明中期江南社会的一个重要发展趋势，艺术家思想上如释重负，各抒性灵，艺术领域出现了艺术创作繁荣、艺术名家辈出的繁盛景象。文化活动中所表现的品味则在于追求内敛含蓄的风格，艺术作品要引起共鸣就必须迎合其细致的品质，自由化的艺术创作特征激起了大批艺术家的艺术创作灵感，在创作思想过度压抑之后的完全舒张使得这种趋势一直延续到明末。艺术创作自由化所掀起的狂澜不仅仅是艺术思维的一种变迁，也恰如其分地反映了适应明代社会阶层的审美需求，而且也与晚明时期艺术创作的逐步平民化、大众化倾向相呼应，并在其艺术领域取得了很高的成就。

明中期以后，艺术领域相较于前期，在创作理念上有了更进一步的跨越，由此产生了更广泛的艺术体裁，更为多样的艺术作品。绘画领域，是“吴派”掌门的辉煌时期，在追求绘画意境、以画抒发情感的创作宗旨和用艺术来“怡情养性”的创作功用基础上，追求画中有诗，以书入画，极富笔墨情趣，使得作品朝着多样化方向发展，对画坛的创作思维和风格产生过重大的历史影响。明中期是江南地区版画发展的黄金时期，官刻版画和私刻版画齐头并进，共同繁荣。版画题材广泛，形式多样，主要以小说、戏曲插图版画为主。众多的刻书坊在刀法、构图和版画形式上又各具特色，以质精、价优在刻书业领域争奇斗艳，产生了一大批形象精美、种类繁多的版画作品。戏曲领域，昆曲在明中期起风靡全国戏台，至隆庆年间，昆山腔已经完全取代其他戏曲，成为当时江南地区戏曲艺术的主流，并在明末清初时期达到顶峰状态。

第二章 文彭的生平与家世

在文人的生活方式和生存手段日益多元化的明代，艺文融合的趋势渐趋显著。明代很多文人士大夫，都在诗文和艺术（主要是书画艺术）上取得了较为全面的成就。文彭的父亲文徵明，作为吴门画派的领袖，更以诗文书画名满天下，执吴中文坛之牛耳达数十年之久；文彭所属的长洲文氏家族，也成为江南乃至全国最为显赫的艺文巨族。文彭取得如此丰硕的艺术成就，尤其是开创了流派印的先河，这与长洲文氏的家族沉淀、先辈的指引教导、朋辈友人的交游学习有着莫大的关系；再者，文彭一生的游历，对其艺术风格的养成，也有着潜移默化的影响；文彭所处的时期，是各类艺术形式发展的兴盛期，作为集各类艺术之大成者，文彭的师承关系同样相当丰富，这对于其艺术风格传承与发扬，对于明代艺术的发展，都大有裨益。

第一节 文彭与长洲文氏家族

明代艺文兼善者数量的增长，促成了艺文家族的出现乃至勃兴。由于高度普及的教育和上乘的教育水平，加之浓郁文化氛围的熏陶，江南地区的人才呈现出井喷式的增长。“太湖的四围，长江以南，钱塘江以北，即以前苏、松、常、太、杭、嘉、湖六府一直隶州之地，整个是一个人才的自然区域。”[①]优良的文风代代相传，促成了文化家族的大量涌现。明清时期，江南的文化世家数量多，水平高，延续时间久远，为全国其他地区所难以

① 潘光旦：《近代苏州的人才》，《潘光旦选集（第一册）》，光明日报出版社，1999年版，第245页。

企及。而苏州在江南各州府的文学家数量仍处于一骑绝尘的地位，充分说明吴文化圈在江南乃至全国的地位和影响力无可撼动。[①]世家大族拥有显贵的政治地位，雄厚的经济实力，优越的教育条件，因此文化素质较高，从而会强有力地促进文化的进步，这也是无须多言的明显事实。世家大族在政治、经济、文化方面都满足了，便可以啸聚园林，游玩山水，怡情养性，吟诗作文，于是便有了文学，进之便有了文学家。

“东汉以后学术文化，其重心不在政治中心之首都，而分散于各地之名都大邑。是以地方大族盛门乃为学术文化之所寄托……汉族之学术文化变为地方化及家门化矣。故论学术，只有家学之可言，而学术文化与大族盛门常不可分离也。”[②]晚明时吴县人顾凝远云：

> 自元末以迄国初，画家秀气已略尽，至成、弘、嘉靖间，复钟于吾郡，名流辈出，竟成一都会矣。[③]

自明中叶开始，随着江南地区经济、文化在战乱之后日益复苏，江南地区艺文人才开始遥继元末的辉煌，汩汩涌现，并且通过家族传承和联姻等方式，散珠串为项链，环环相扣，逐渐形成一个庞大的艺文家族网络，这个网络的核心位于苏州——明代产生画家、书法家最多的区域，并旁及附近的松江、常州、嘉兴、杭州、湖州等地，其枝端所及，遍布江南，清初的张庚就说：

> 吾乡项氏自墨林，李氏自太仆，游心艺苑，考究六法，为一时领袖，至今两姓代有闻人，与太仓王氏，鼎足江东矣。[④]

这里说的是晚明时期的江南三大艺文家族——嘉兴的项氏、李氏和太仓王氏。而在整个明代，江南地区具有代表性的艺文家族除了项氏、李氏、王氏三家外，还有就是以沈周为核心的相城沈氏，以文徵明为核心的

---

① 杨昇：《明代艺文家族的地域分布与概况》，《江西科技师范大学学报》，2016年第二期，第106页。笔者在文中依据曾大兴《中国历代文学家之地理分布》、谭正璧《中国文学家辞典》中的数据，指出明代江南地区文学家苏州地区的人数多达197人，文学家族多达20个，远超第二位的杭州和第三位的常州。

② 陈寅恪：《金明馆丛稿初编》，上海古籍出版社，1980年版，第329页。

③ 顾凝远：《国朝画评》，《御定佩文斋书画谱》，《影印文渊阁四库全书》第823册，上海古籍出版社，1989年版，第388页。

④ 张庚：《国朝画征录》，上海人民美术出版社，1963年版，第29页。

长洲文氏。长洲文氏家族，作为江南地区规模宏大、成就显著的艺文家族，是明代江南灿烂辉煌文化景观的重要组成部分，并组织或参与了该地区多数重要的艺术和文学活动。

长洲文氏家族世交，上元许氏家族许隚之子许榖，应文彭之子肇祉之请，为文彭所撰的《明两京国子博士致仕赠文林郎文公墓志铭》中，就对文彭所述的长洲文氏家族的谱系及渊源有过阐述：

按：先生讳彭，姓文氏，字寿承，人称为三桥先生。系出汉蜀守翁之后，历唐宋元代，有显者详在太史翁志中。自高祖惠赘苏之张氏，因占籍长洲，遂为长洲人。曾祖洪，中成化乙酉应天乡试，仕为涞水教谕，累赠南京太仆少卿。祖林，中成化壬辰进士，仕终浙江温州知府。考即衡山翁，讳徵明，文行至高，名震宇内，以荐举为翰林院待诏，兼修国史。[①]

苏州文氏家族始出西汉时期的四川成都，据《文氏族谱续集》记载"吾文氏系出汉蜀守翁之后"[②]。自此，文氏在不断繁衍与迁移过程中，逐渐形成了按地域划分的几大世系，苏州文氏家族正是从成都世系、庐陵世系、衡山世系一路繁衍形成。文彭所属的长洲文氏家族祖居成都，从五代至宋，又累迁庐陵、衡山等地，至第十一世文宝，因官衡山教授，子孙因此皆以衡山为籍。许榖在为文彭所撰墓志铭中同样写到：

吴有国子先生文公者，前太史衡山翁之长嗣也。

至元代，官镇远大将军湖广管军都元帅文俊卿的次子文定聪仕散骑舍人，随其岳父蔡本驻守苏州，文定聪的次子文惠因为入赘于苏州张声远家，而留居于吴中，成为苏州文氏的始祖。文彭所属的长洲文氏一系，在元末明初时为武胄世家，自文彭的高祖父文惠定居苏州后，始以习儒为业。

文氏自涞水公至书深先生为九世中，如温州之廉明，待诏之德艺，文肃之公忠，炳在《明史》不具论。其有集行世者十有八人，书画

---

① 文震孟：《吴中小志续编》，广陵书社，2013年版，第93页。

② 文含：《文氏族谱续集·成都世系表》，民国十八年(1929)曲石精庐刻本。

笔札擅名者又二十八人，可谓盛矣。[①]

长洲文氏家族是当时一个颇具特色的文化世家。其家族成员遍布文坛、画坛、书坛，以诗文笔翰蜚声当世，且代代相传，各代均有闻名于时者。正如清雍正年间的杨绳武所言：

吴中旧族以科第簪冕世其家者多有，而诗文笔翰流布海内，累世不绝则莫如文氏。[②]

文惠，字孟仁，号存心老人，生于洪武年间，年少时随侍父亲定聪至苏州，被苏州张声远招之为婿，“始业儒，教授里中”[③]，终生隐居不仕，文惠即为苏州文氏的始祖，苏州文氏世代业儒，就是从文惠开始。文惠之所以弃武从文，一方面，苏州地区浓厚的文化底蕴与崇文的社会风气必然对其思想产生一定的影响；另一方面，据文惠生长的年代来看，明朝的统治已非常稳定，战争日少，社会日趋安定，政府对能征善战的武学之才的需求日益减少，相对而言，治理国家的文官地位日益上升。形势的转变让文惠在思想上有意识地向当时的官方思想——儒学靠拢，于是“命子儒。其子洪随登成化乙酉乡书”[④]。客观形势的需要与主观意识的顺应，使以文惠为始祖的苏州文氏从以军功兴家到以诗文耀族，成功地实现了由崇武到尚文的转型。

文惠之子文洪，则是长洲文氏家族文化传统的真正肇始者。文洪(1426—1479)，“字功大，号希素，成化乙酉举人，涞水教谕”[⑤]。著有《括囊稿》、《尤志》二卷(乾隆《苏州府志·艺文》著录)，今只存诗文各一卷，收入《文氏家藏诗集》。作为迁居苏州的文氏第二代传人，文洪引领了这个家族在文化上的突破，《文氏族谱》云：

吾宗自涞水府君以文学起家，风流奕叶，代有著述。[⑥]

---

① 顾诒禄：《云岑杂著序》，载文含《云岑杂著》，乾隆二十三年(1758)刻本。

② 文含：《文氏族谱续集》，民国十八年(1929)曲石精庐刻本。

③ 文徵明著，周道振辑：《文徵明集》，上海古籍出版社，1987年版，第710页。

④ 周道振，张月尊：《文徵明年谱》，百家出版社，1998年版，第3页。

⑤ 文含：《文氏族谱续集·苏州世系表》，民国十八年(1929)曲石精庐刻本。

⑥ 文含：《文氏族谱续集·历世载籍志》，民国十八年(1929)曲石精庐刻本。

不仅在文学、德行上广受赞誉，更为重要的是，文洪在功名上取得的成就，成为推动和激励后代进一步发展的巨大动力。文洪刻苦努力，不分昼夜。其勤奋好学，“补博士弟子，为经师，从游者日众”[①]，经他指点者，往往高中，唯独文洪屡试不中。成化乙酉年间，文洪与子文林一同参加会试，林遂中进士，洪在副榜，文氏始以儒学起家。文洪因教谕涞水，被尊称为涞水公，在涞水四年，训诲有方，未老就解官归乡。后凭子贵，累赠太仆少卿，有隐德，史载“长洲文氏，世载其德，希素先生（文洪）实始之”[②]。文洪于成化元年（1465）中举，此后其家族成员多从事儒学，在成化年间代有闻者。

文洪有三子，林、森、彬。文林（1445—1499），“字宗儒，号交木，成化壬辰进士，温州知府”。文森（1464—1525），“字宗严，号白湖，成化丁未进士，都察院右佥都御史”。文彬（1468—1531），“字宗质，号贞山，庠生”[③]。文洪的三子，先后在科举考试之中取得了不错的成绩，考虑到文氏已经八代人没有在科举上取得任何成绩，而整个衡山世系的六代实际上人丁萧条，职务卑微，那么文氏在迁居长洲后仅三代就取得如此不俗的成绩，的确是非常了不起的。[④]三子中，文林则是在长洲文氏家族发展过程中起到决定性作用的人物，文林受到长洲文氏家族勤奋自勉家风的浸染，一直影响整个文氏家族后来的发展；同时对家族交游圈的开拓作用也是显而易见的，文氏族人由于他的带动而得以进入了更高层次的社交群体，这一点在其子文徵明的发展过程中得到了充分的体现。

文林（1445—1499），字宗儒，号交木，文洪长子。学问该博，有志著述，能诗善文。他一生著作颇丰，辑成《文温州集》十二卷，又有逸闻杂钞《琅琊漫钞》一卷。文林曾随父受《易》，故尤精于易学，亦通堪舆，能卜筮。成化八年（1472）进士及第，官至温州知府。

文林雅志山水，性喜隐逸。同时亦怀揣报国之志，致力于仕途，以期

---

① 李光祚，顾诒禄：乾隆《长洲县志》卷二十三《人物二·文洪》，见《中国地方志集成》，江苏古籍出版社等，1991年版，第269页。

② 朱彝尊：《静志居诗话·文洪》，见周骏富辑《明代传记丛刊》，明文书局，1991年版，第8册第684页。

③ 文含：《文氏文氏族谱续集·苏州世系表》，民国十八年（1929）曲石精庐刻本。

④ 杨昇：《长洲文氏家族文学研究》，苏州大学2011年博士学位论文，第16页。

在雄心施展、报国愿偿之后，徜徉山水，吟咏林间。虽然科举顺利，仕途却屡遭打击，在与挚友吴宽的书信中，就曾感叹道：

> 仆自第进士为县，自县为寺丞，皆仕途所鄙弃不屑者，而某笑而领之。当此时，年少气锐，诚不自量，谓可以行其素志，或能有所建立。比入仕版颠踬困顿，忧患百出，驱驰二十余年，竟无寸补，始厌恶不甘，思以自息。[①]

而据杨循吉所作《明故中顺大夫温州知府文公墓志铭》记载，文林在任南京太仆寺丞期间，针对"太仆政久弛弗振，部内吏皆骄，不奉法"[②]的情况，文林上奏按察其罪，使上下肃然。此外，"公（文林）尽心马事，深究其法"[③]，文林曾上呈《马策》三篇，详论畜牧之计。文林任温州知府期间，针对当地盗贼猖獗，崇尚鬼神，好溺女的风俗，他科条处分，处置得法，以至当地的监狱屡次空缺。同时他将当地的淫祠毁之殆尽，作《俗范》来训导当地人民。总之，文林在职期间，遇事敢言，兢兢业业，恪尽职守，深得当地百姓爱戴，最终因病卒于官。可见文林一生仕宦不甚显，但致力于政事、民事，随事建言，无所避讳。以一闲散马曹而上言圣政，亦可谓敢言矣。

文林性喜交游，常与友人登临唱和、煮茶论诗。在其所著的《文温州集》中，就有专门的一卷，为文林同友人交游唱和的诗文作品。文林一生所著诗文不多，其诗文成就都不甚高，但其诗文的内容特点都在不同程度上影响着其后代，文氏家族的诗文风格与家族风格的继承和发展，亦是相辅相成的。

文氏传至四世时，文林一房人丁兴旺，文林有三子，分别名为奎、徵明、室。且因仲子文徵明在诗文书画方面的成就及其高介的品行，声名远播，令整个文氏大放异彩。相对而言，文森、文彬两房或因无出类拔萃的人才，或因人丁不旺而日趋销声匿迹。

长洲文氏家族，到了文徵明这一辈，文氏始以书画闻名天下，达到了

① 文林：《文温州集》卷六，《四库全书存目丛书》影印北京图书馆藏明刻本，齐鲁书社，1997年版，第330页。

② 褚亨奭：《姑苏名贤后记》卷一，见周骏富辑《明代传记丛刊》第148册，明文书局，1991年版，第281页。

③ 同上。

其家族文学艺术成就的顶峰。文徵明诗、文、书、画兼精，主盟吴中艺坛达三十年之久。文徵明(1470—1559)，原名壁，后以字行，是明代“吴中四才子”之一，又位列书画“明四家”，是诗文书画集大成的著名文人。

文徵明幼时“生而少慧，八九岁语言犹不分明”，因而年长后，“性简静”，但是“古貌古心，言若不出口，遇事有不能决者，片言悉中肯綮”[①]，性格趋于内敛，后来更是“临组乍绁，旋憩丘园，隐迹矫时，秉操弥坚。闭心静居，心耽其玄”[②]。其实，文徵明的个性，在很大程度上决定了他为人处世的态度，决定了他的艺术风格，也决定了他的诗文创作风貌，这也在很大程度上影响了其子文彭。

受父、叔的影响，文徵明早年曾有志于当世。他所追求的理想人生是文声奕奕，政绩显显。从弘治八年乙卯到嘉靖元年壬午(1495—1522)共举行十科乡试，文徵明便参加九次，可见其对入仕的孜孜不倦地追求。屡试不第，年齿渐长，文徵明曾对科举、对入仕感到了厌倦。但其虽然科场失意，十试不售，但始终坚持个人的操守，在待人处事方面谦逊而审慎，坚持原则的同时又执中而为，乐于奖掖后学，结交官场而不私通权贵，加之享寿颇高，又宾客门生不绝，终于成就其百世流芳的美名。[③]文徵明一生历经成化、弘治、正德、嘉靖四个朝代，热爱文艺，诗、文、书、画皆精，闻名于当时，除了创作大量书画作品外，还著有大量的诗文集。同时文徵明的交游是极其广泛的。《明史·文徵明传》、文嘉《先君行略》等传记中，都曾提到其交游的盛况。既有其所师的前辈名家，亦有以其为师的晚进后辈，还有与其同辈的知己好友。

思想上，文徵明一生所固守的是儒家学说，并倾一生之力，努力践行之。从其年轻时积极入世，希望可以兼济天下，到屡试不第，进无阶梯，只能转而独善其身，并逐步形成了其淡泊无欲、逍遥物外、和合温厚、安贫守节的儒雅性格。从这一点而言，文徵明堪谓一个真正的儒者。因此，也无怪乎，人们称其为“人品第一”，“若太史者，可谓以字与画掩其诗，以诗掩其人也”。

---

① 文徵明著，周道振辑：《文徵明集》附录《先君行略》，上海古籍出版社，1987年版，第1622页。

② 俞允文：《俞仲尉先生集》卷二十一《祭文内翰文》，万历十年(1582)休宁程善定刻本。

③ 杨昇：《长洲文氏家族文学研究》，苏州大学2011年博士学位论文，第17页。

文徵明是长洲文氏发展过程中的巅峰，他这一支，后来成为姑苏文氏的正宗，人才济济，其辉煌一直延续到明末清初。作为文徵明之子，文彭与其兄文嘉，延续长洲文氏家族这一鼎盛势头，工诗、书、画，名于当时。后其家族的文学艺术传统世代绵延，大多成员诗、文、书、画兼工；亦有专工一艺者，或书、或画，风流奕叶。

在对长洲文氏家族的形成进行梳理后，从源流上，对文彭所在的这一支系的主要人物简介，文彭的先辈，从仕途与交游、性格与思想、文学与艺术成就上，都对文彭产生了重要的影响。家族“仁爱”“忠孝”的传统，“仁厚”的家族性格，促使文彭恪守儒家传统；家族长辈平和雅正的心态与“和”而“介”的处世风格，对文彭的性格养成和社交风格，也起到一定的推动作用；家族崇儒好学，以科举应试入仕途为重的家族观念，也促使文彭走上了求仕之路；另外，家族前辈丰硕的艺文成就，也在潜移默化间促使文彭取得至高的艺术成就。可以说长洲文氏家族的发展与繁荣造就了文彭，文彭在其一生的种种作为，也在推动文氏家族继续发展延续。

第二节 文彭生平主要事迹

文彭作为明代中后期著名的艺术家，集诗、书、画、印、鉴等特长于一身，可谓是奇才，但现存可供研究的文彭生平资料十分缺乏，这也使得对其书法、篆刻等艺术活动的研究难以展开。关于文彭生平的研究，大都集中关注嘉靖三十五年(1556)后，文彭六十岁时以岁贡生廷试第一授嘉兴府学训导之后的仕途与行迹。其中，淮阴师范学院刘东芹老师所撰《文彭晚年书法篆刻活动及两京行迹考述》一文，从文彭晚年足迹所至的明朝南、北两京(南京和北京)为主线，爬梳史料，力图勾勒出文彭交游行迹之大概，并借以窥及其对文彭书法篆刻艺术发展的影响。[①]另有著名篆刻理论家周新月老师所撰《文彭仕途事迹考》《文彭年表》《文彭事迹考证札记》等文。《文彭仕途事迹考》一文，以文彭仕途的考证为主题，就文彭的出仕，

① 刘东芹:《文彭晚年书法篆刻活动及两京行迹考述》,《书画艺术学刊》,2009年第3期,第431页。

仕途之中的任职与年限，仕途期间的交游，仕途与其艺术的关系四方面着手，对文彭的仕途事迹进行了考察[①]；《文彭年表》一文，从文彭出生伊始至其去世，对其生平进行了详细、全面、透彻的梳理[②]；《文彭事迹考证札记》一文，则对文彭生年予以订正，对文彭存世的印章作品进行探讨等[③]。此节对于文彭生平主要事迹的阐述，也将以两位学者的论文研究成果为前提，结合文彭六十岁出仕之前的事迹，进行更为全面的梳理。

在上元许榖为文彭逝后所撰《明两京国子博士致仕赠文林郎文公墓志铭》一文中，对文彭人生的各个阶段进行了叙述，是对文彭生平主要事迹的梳理。下面将就其不同的人生阶段，结合史料展开本书的论述。

一、年少得志，侍父交游

文彭于弘治十年丁巳(1497)四月十三日，在苏州府长洲县出生。弘治十二年己未，文彭三岁时，其弟文嘉也出生了。这也符合许榖所撰铭中之语：

> ……母吴氏，生子二，先生其长也。先生生而聪颖，读书过目不忘，十岁能属文，长益超卓。出试有司，辄在高等。名誉日起，四方杰士咸乐与为交……佥谓文学器度如先生，宜获高第，而先生亦视科第直囊中物耳！乃同时朋侣，先后登进。

文彭的出生，在明代著名文学家、书画家李日华所撰《六砚斋笔记》卷三的描述中，曾充满了神话色彩：

> 人传寿承前生，乃一绘士，在宜兴绘一土神庙壁，未竟而卒，托生文家，前所未了之壁，耿耿在念。[④]

文彭与其弟文嘉出生后，其父文徵明还未曾为两子起名，直至文彭九岁时，与文徵明交游甚密的沈周应邀至文家时，文徵明方才请石田先生

---

① 周新月：《文彭仕途事迹考》，《当代中国论文书法选·印学卷》，荣宝斋出版社，2010年版，第327页。

② 周新月：《文彭年表》，《中国篆刻》，1997年第3期，第12页。

③ 周新月：《文彭事迹考证札记》，《书法研究》，1989年第4期，第37页。

④ 李日华：《六砚斋笔记》卷三，《影印文渊阁四库全书》第867册，上海古籍出版社，1989年版，第531页。

（沈周，号石田）为二子其起名，《吴越所见书画录》有记载：

嘉六七岁时，石田先生至舍，先君请命之名。先生云，'彭''嘉'俱从'士'，盖以文士相期吾兄弟。[①]

沈周作为文徵明的挚友，对文徵明渴望其子在仕途上有所突破，自是心知肚明，而这一点在文彭年满周岁时，文徵明所写《儿子晬日口占两绝句》一诗中，更是显露无遗："我已蹉跎无复望，试陈书卷卜吾儿。"也正是由于父亲的督促与影响，文彭对于功名的追求，可以说是作出了毕生的努力。

文彭自幼聪颖过人，读书可以做到过目不忘，从十岁时起，更是可以舞文弄墨，文章下笔立就。这与其父母的教育、所处环境等不无关系。年少之人，如此才华横溢，又出名门之后，自然是有些心高气傲的，难怪许穀说道："先生亦视科第直囊中物耳。"文徵明夫人吴氏，自文彭幼时就教育有方。在岭南儒学集大成者黄佐[②]所撰的《明将仕佐郎翰林院待诏衡山文公墓志铭》一文中提到：

……昆山吴氏，河南参政愈之女……夫人素守家范，及归事公，惟谨家事。事凡朔望行香，及居官早朝……代公料理家事，婚嫁筑室，公皆不与闻，而百务具举。性虽慈，而教子亦甚严厉……[③]

由此可见，文氏家风甚严，但这也使得文彭从小就受到文氏家族儒家传统观念与内敛蕴藉家族性格的影响，从而在一定程度上，影响了文彭坚持走上仕途。文彭一生出言行事的确受传统德育的浸润甚深，尤其是家庭教育和家族传统的影响。从正德三年到正德十四年（1508—1519），是文彭从孩童成长为青年的重要时期，从十二岁到二十三岁，文徵明对于儿子的教育一刻也未曾停歇：正德三年戊辰年，在文彭十二岁时，文徵明邀请余姚钱德孚设私塾于文家，教授文彭、文嘉两兄弟，文徵明对儿子的关

① 陆时化：《吴越所见书画录》卷三，《续修四库全书》第1068册，上海古籍出版社，1989年版，第147页。

② 黄佐，字才伯，号希斋，晚号泰泉，为一代儒宗，以品学知名。正德十五年（1520）辛巳科进士，廷试选庶吉士。曾任南京国子监祭酒，晚年归居广州，改白云山景泰寺为泰泉书院，广收弟子。明代岭南诗坛著名的"南园后五先生"中，欧大任、梁有誉、黎民表三人即出其门下。讲学之余，黄佐潜心著述，在经学、地方文献、诗词等方面均有较大建树。

③ 文震孟：《吴中小志续编》，广陵书社，2013年版，第88页。

心也超乎寻常，为二子选择的蒙师钱尚仁，不仅学问通达，还擅长装帖字画。[①]在钱尚仁艺文兼授、悉心指导的六年中，文彭自然是进步飞快，并在县试中名列高等。

文彭悉心学习的数年间，也正是父亲文徵明仕途艰难、屡次乡试不售之时；此时的文徵明，除了每三年到金陵参加一次乡试，他的足迹已经很少离开吴中，逐渐开始关注艺事与交游。文徵明终其一生居住在父亲文林所筑的停云馆。停云馆系文林于弘治五年（1492）告老还乡之后用积蓄的官俸在祖居的基础上修建而成，在长洲文氏漫长绵延的发展史上，停云馆一直是这个家族的大本营和精神家园。在正德五年（1510），文徵明四十岁时，重新修葺了停云馆，停云馆的重新修葺对于青少年时期文彭的一个重要意义在于师友的交流和带动。文徵明对家族交游圈的开拓作用是显而易见的，文氏家族的仕途荣耀与地区影响力，使得文彭自幼便进入了更高层次的社交群体。文徵明不仅早就看好爱子未来的发展前景，而且在文彭成长的关键阶段，为其在交往环境和学业师承上用心良苦，着力颇深。及文彭渐长，文徵明便开始有意识地让他接触自己的一些好友并师事之，文彭由此打下了极好的基础并终身受益匪浅。

文彭自跟随父亲文徵明游历交往，就渐渐在父亲的引见下，结识了诸多文化名人。自己的交游也逐渐开展起来：弘治元年，文徵明还吴，为邑诸生，开始读书应试。文徵明在县学时与祝允明、都穆、唐寅等倡为古文辞，并与杨循吉等人为友，交游日广，还与吴爟、吴奕、蔡羽、钱同爱、陈淳、汤珍、王守、王宠、张灵等组成了一个诗文社团“东庄十友”。[②]正是在跟随父亲交游的过程中，文彭与王宠订交，还结识了王穀祥。王宠虽功名不就，才气实较乃兄更盛，他“资性颖异，将以勤诚，于书无所不窥，而尤详于群经，手写经书皆一再过，为文非迁、固不学，诗必盛唐，见诸论撰，咸有法程”。由此声名鹊起，人多以为三吴之望，而他自视尤高，“直欲轶古人而逾之，盖非通古今，周一世，不足以充其所受也”。尤为文徵明等人所看重：“君自总角即与余游，无时日不见，见辄有所著，日异而月

① 王稚登：《跋澄清堂帖》：“德夫姚江人，最善装帖。”转引自周道振、张月尊《文徵明年谱》卷三，百家出版社，1998年版，第187页。

② 朱彝尊：《静志居诗话》卷十一《邢参》，人民文学出版社，1990年版，第308页。

不同，盖浩乎未见其止也。”书法独绝，与文、祝并称。王穀祥则是王观次子，嘉靖八年（1529）进士，改庶吉士，后官吏部代郎中，持法不阿，忤上司，念母老乞归，归凡三十年，持身峻洁，不妄交一人，手录古文辞至数百千卷，日焚香静坐，有荐起者，俱不赴，曰：“岂有青年解绶，白首弹冠者乎？”竟终老田间。穀祥少从学王宠，正德初与文徵明交，从之学，又尝与文嘉从祝允明学书法。文徵明《风入松·病中有怀王君禄之》词曰：“盍簪坊里人如玉，空相忆，相见无由。”文徵明所结交的人，都是当世文坛富有才华的人士。同时，他对朋友的选择十分严谨，一旦定交，则必定以诚相见，这也促使与他们的交游对自身有所裨益。文彭从此时开始，也逐渐同其父亲一样，养成了儒家“和而不同”的交游信念，同时也同其父亲一般，具有宽大的心胸和仁厚的心态，对朋友始终真诚以待，竭力相助。而父亲同文坛名人之间的交游，在一定程度上，也对文彭艺文知识的学习大有裨益。

二、潜心艺文，十试不举

文彭六十岁以前的活动，除了定期到应天府参加乡试，大部分的时间都居家潜心艺事，侍奉父亲。在读书准备科举之事的同时，也开始摹勒法书名帖，研习篆刻、书法、绘画，鉴藏古画鼎彝。许穀为文彭所作墓志铭中云：

> ……先生顾邅回十举，不获荐于主司……乃太史翁乞休林下几四十年，而先生日侍左右，奉翁登览名山，周旋觞咏，靡日不畅，自谓仕进有数，心益泊如也……[①]

正德十四年（1519），文彭二十三岁时，随父亲赴应天府乡试，住在父亲的挚友许隚[②]家中，也大概于此时，结识了许隚之子许穀[③]。文徵明从弘治八年（1495）二十六岁第一次赴应天参加乡试，到嘉靖元年（1522）这位

① 文震孟：《吴中小志续编》，广陵书社，2013年版，第93页。

② 许隚（1469—1536），字彦明，号摄泉居士，顾璘密友，性孝友直率，有山水书画之兴，隐居不仕。正德十四年（1519）秋，文徵明在金陵参加乡试，宿许之惟适轩，观其所藏元赵奕《梅花杂咏》并题识。

③ 许穀（1504—1586），字仲贻，号石城，嘉靖十四年（1535）赴京会试，得第一，文徵明与陈沂尝赋诗送行，后穀官至南京尚宝寺卿。

五十三岁的老秀才最后一次参加乡试失败，共历九次乡试，前后二十七年。从文彭懂事起始，见到父亲屡次考场失意，加上父亲对自己又倍加期许，他自然渴望仕途上有所突破，完成父亲一生的愿望。也约在此时，文彭完成了人生当中的另一件大事：迎娶同乡钱同爱长女为妻。钱同爱与文徵明交好，喜藏书，经、史、子、集、山径、低志、稗官小说，无所不有，此番姻缘，可谓天作之合。正德十五年(1520)这一年，文彭与文徵明有忘年之交的王宠，同住于石湖治平寺读书。(图二)治平寺是王守、王宠兄弟少时从蔡羽治《易》，所居住的林屋山中的一番风水宝地，此后王宠在治平寺旁筑室，隐居读书二十年。[1]正德初，二人并选隶府学，王守遂登甲第而宠试不利，此时文彭与王宠一同在治平寺读书，大约就是为了准备科举考试。在准备应试的同时，文彭的长子文肇祉也出生了。

图二　现今的石湖治平寺

文彭从二十三岁，到六十岁时以岁贡生入礼部试，期间十次参加乡试，却十试不举。嘉靖二年(1523)，文徵明因荐授翰林院待诏职，赴京供职，入京途中，在舟中所写家书中反复嘱托"汝兄弟三人可读书向上，勿落人后。我在远不能管，谨门户，少出入，紧要紧要！"[2]几乎每书必有此类语，在父亲的期许与要求下，文彭自然渴望在仕途上有所突破的。在文彭十次赴应天府参加乡试的过程中，有史可稽的至少有以下几次：

---

① 杨昇：《长洲文氏家族文学研究》，苏州大学2011年博士学位论文，第120页。

② 周道振辑校：《文徵明集续辑》卷下，《付彭、嘉六书》，周道振自印，第111页。

嘉靖七年戊子(1528)八月,与弟文嘉、文伯仁,好友王宠、皇甫冲、皇甫诸、金用、陆芝等赴应天府(南京)参加秋闱,在南京与金陵文坛顾璘、许隚、段金等共十三人作碧峰宴集,与集会者一同作诗,文彭弟文伯仁为顾璘作《秋原游瞩诗意图》,文彭为其题卷首。[①]文彭便由此开启了同金陵艺术圈的交游活动。此时的文彭三十二岁,按照乡试每三年一次的要求,至文彭六十岁时以岁贡生赴京廷试,这正是其第一次参加乡试。

嘉靖十年辛卯,与弟文嘉及好友汤珍、王宠等人同赴应天府,第二次参加乡试。此次文彭赴应天府参加乡试,文徵明还作有《十五夜无客独坐南楼有怀子重履吉及儿辈时皆在试》一诗,子重即汤珍,履吉即王宠。二人与文彭都是形影不离,此去应试,也想必一同前往。

文彭奔走科举考试途中,有写《江中晓望》一诗:

万壑争趋势独尊,金焦东下海为门。
朝霞浴日雾欲灭,秋气横空天倒吞。
荆楚仲宣频作客,沅湘正则几招魂。
圣朝自愧独贫贱,满目江山总泪痕。[②]

这是文彭难得的佳作,作品未系年,但从首联和尾联可以推断是作者早年赴南京参加乡试后归乡途中所作。

另有收录于《博士诗集》中的《丹阳道中同嘉弟》一诗:

昨夜乘舟发建康,今朝潮落又丹阳。
天南星斗随沙鸟,江上风烟忆故乡。
去住此身元不定,飘零吾道孰行藏。
同舟尔亦同沦落,对酒无言泪两行。

此诗写作的年代并未标注,但是诗中描述的,却正是文彭、文嘉兄弟二人赴南京参加乡试,落榜后乘船返回吴中,途径丹阳,在舟中借酒消愁、潸然泪下的情境。

在长达二十七年里,科举考试屡受挫折的文彭,也在父亲的影响下钻

---

① 佚名:《我川书画记》,黄宾虹选编,《美术丛书》,民国上海神州国光社线装本。
② 文彭:《明文博士诗集》上,收入文肇祉编《文氏家藏诗集》,万历十六年(1588)刻本。

研书画金石及其赏鉴，并逐渐同弟弟文嘉充当父亲的助手和参谋，在家风和交游的双重影响下，渐渐积聚起丰富的艺术经验；同时，长期随侍父亲，得到了与父亲的友人、学生广泛交流的机会，为人又“赋性坦夷，中无城府，待人无分疏戚隐显，一以宽平和易处之，能令见者生敬爱心”，于是“四方杰士咸乐与为交”[①]，诗酒联欢，名士唱和，悠游交往中也算是对屡次考场失意的一种释怀。

在艺术领域的探索上，文彭从正德十四年至嘉靖三十八年(1519—1559)，因为侍奉父亲的缘故，跟随在父亲左右参与艺术学习与创作的机会渐多。这一时期，父亲文徵明也文名渐盛，并最终名冠吴中。文徵明成为吴中文坛和艺坛的领袖人物，其所筑停云馆，也实际上成为吴中地区文艺青年才俊的切磋交流之地，加之达官显贵、文人雅士竞相拜访，推动了文彭在这一时期艺文技能的提升和社交范围的拓宽。文彭同父辈、同辈友人游学创作，也留下了诸多艺术作品。列举如下：

诗文上：正德十五年，跋宋高宗《徽宗文集叙》；嘉靖二年，跋文徵明补倪瓒《江南春词图》；嘉靖四年，题《李伯时临刘商观弈图石刻》；嘉靖五年，赠取进士功名的袁褒[②]《送袁永之今试诗》；嘉靖六年，跋庚寅诗卷；嘉靖七年，与弟文伯仁题父亲文徵明《竹居图卷》；嘉靖八年，与赴南京应试者作碧峰燕集，分韵作诗，并题卷首，同年王穀祥登进士，作《送王禄之之会试得姑字》诗，赋诗送卢襄典试江西；嘉靖九年，随父文徵明客袁表闻德斋，作《闻德斋赋》；嘉靖十四年，在南京顾璘别墅赏菊时题《菊宴》；嘉靖十六年，题弟文嘉《蛱蝶图》；嘉靖二十年，题弟文伯仁画梅；嘉靖二十三年，题弟文嘉《楚山图》；嘉靖二十六年，与父亲文徵明、陆治、彭年等人集于文宅，为陆治作《元夜宴集图》题跋；嘉靖二十八年，跋弟文伯仁山水册；嘉靖二十九年，与父亲文徵明、弟文嘉、友周天球等并题张凤翼《古柏图》；嘉靖三十年，跋弟文嘉草书卷、《两洞纪游图册》，题仇英摹《清明上河图》；嘉靖三十一年，跋祝允明行草乐词十六卷；嘉靖三十三年，题“石湖春晓”于彭

① 文震孟：《吴中小志续编》，广陵书社，2013年版，第93页。

② 袁褒，字与之。吴县人。乾隆《苏州府志》卷五十三记：好读书，轻财好施，与王宠友善，王宠家贫，褒常宽贷之，嘉靖七年(1528)四月，王宠曾向袁褒借白银五十两。晚年筑室桃花坞。袁褒有兄弟六人，号称“袁氏六俊”。有子袁年。

年所作《冬游石湖记》卷首。

书画上：正德十六年，在父亲文徵明的指授下，与弟文嘉摹勒古今法书为《停云馆法帖》；嘉靖元年，与弟文嘉摹勒古今法书为《真赏斋法帖》；嘉靖六年(1527)，与父文徵明、弟文嘉、堂弟文伯仁及友人蔡羽、汤珍、陈淳等人因袁褒之请，赋诗作画为其叔袁鼒祝寿。嘉靖十一年，小楷书怀素《自叙帖》释文；嘉靖十八年，书文徵明撰《太学孙君墓志铭》；嘉靖十九年，于蔡叔品药草山房，与弟文嘉、好友周天球、彭年等人作《蔡叔品药草山房图》，并分韵作诗书于画后；嘉靖二十一年，隶书《千字文》；嘉靖二十二年，草书旧作《游洞庭诗卷》；嘉靖二十四年，书《兰亭记》扇；嘉靖二十七年，草书《石湖诗》，另书行书书轴；嘉靖二十八年，书苏轼《前赤壁赋》附仇英《前赤壁图卷》后；嘉靖三十年，书五言律诗轴；嘉靖三十一年，书归有光《栋全轩记》，另行书七古诗卷；嘉靖三十四年，书自作《渔夫词卷》。

印学上：嘉靖二十六年，为唐顺之刻“琴罢依松玩鹤”石印。

鉴藏上：嘉靖元年，题存余堂藏张羽《怀友诗画合集》；嘉靖二年，题华夏所藏《淳化阁帖》祖刻本六卷；嘉靖九年，陈湖陆氏临摹怀素《自叙帖》；嘉靖十年，代父文徵明书王羲之《袁生帖》跋、钟繇《荐季直表》跋；嘉靖十三年，从子豫庵处借归《宣德鼎彝谱》副本，临摹成册并撰序，同年十月，跋米芾书《画山水歌绝句》；嘉靖二十二年，题华夏藏《淳化阁帖》刻本，并去旧题；嘉靖二十四年，跋王宠行书《倪瓒隐耕轩诗卷》、李过中行书《千字文》；嘉靖三十一年，跋苏轼书《养生论》，跋谢时臣《轻音雅集图卷》；嘉靖三十四年，好友周天球、陆师道等人题文彭所藏赵孟坚《墨兰图卷》。

三、岁贡廷试，赴任嘉兴

文彭如其父亲文徵明一样，在二十三岁至六十岁的二十七年时间里，十试不举，嘉靖三十五年，在文彭年届六十岁时，才以岁贡生的资格入试礼部。许穀在《明两京国子博士致仕赠文林郎文公墓志铭》一文中写到：

> 年逾五十，始贡上礼部，入试大廷，置在首卷。念太史翁年高，乞近地以便省养，乃分教嘉禾。

文彭是以岁贡生的资格入试礼部的，岁贡生，其实是府、州、县等地方儒学按照有关规定和手续向国家及学校推荐的诸生。文彭争取的岁贡生资格，其实是一些老秀才考举人不中，不得已而为之的一条路。虽然不是以进士的身份前往北京参加廷试，但是文彭对于此次京师之行，却是尤为重视，这从文彭所著《博士诗集》中有关此次行程的诗文就可一窥。

文彭此次廷试之行，携其长子文肇祉一同随行，乘舟一路北上，时值冬季，河道干旱而舟行亦缓，三月初一日廷试就要开考，文彭自然是非常着急，而到了丰水路段，行程加快后，文彭的喜悦之情，溢于言表。行程中，文彭作《连日无水日行五六里十二日自鲁桥至石佛一日过五闸喜而有作》：

日日问前途，还应有水无。
传言半疑信，欲进且踌躇。
忽尔河流驶，全消旅思孤。
一朝行五闸，世事若为虞。[①]

文彭在经历了三个月的颠簸之后，终于到了北京。初到北京，文彭作有《初至京》一诗：

旅食到京华，春深何处花。
感时空老大，独坐每兴嗟。
素乏资身策，新添罩眼纱。
出门三阅月，无日不思家。[②]

此时的文彭已经是花甲之年，左眼也患上了眼疾，离家也已经多日，自然也是无比思念故乡和年老的父亲。文彭进京，挟其父文徵明和吴门书画之盛誉，加上他个人的影响，人们争趋相迎。[③]卞永誉所著《式古堂书画汇考》卷二十四《口用与盘室札》云："三桥在此，三公而下，无不倒屣迎之，且古玩山积，资斧日增，今岁准得嘉禾之选矣。"此时的文彭事实上已经因为在书法和篆刻上的成就，而很有名望了。最终，文彭以明经廷试第

① 文彭：《博士诗集》卷上，文肇祉编《文氏五家集》卷七，《影印文渊阁四库全书》第1382册，上海古籍出版社，1989年版，第 512页。

② 同上，第513页。

③ 周新月：《文彭仕途事迹考》，《当代中国论文书法选·印学卷》，荣宝斋出版社，2010年版，第330页。

一,获授嘉兴府学训导一职。二十七年的十次尝试,终于梦想成真,这时的文彭自然有些受宠若惊,也同时看到了今后仕途中的寄托。

文彭与当世大儒兼散文名家唐顺之交好,在他为荆川(唐顺之,号荆川)所制一方印章上有这样的边款:“余与荆川先生善,先生别业有古松一株,畜二鹤于内。公余之暇,每与余啸傲其间,抚琴玩鹤,洵可乐也。”[①]在文彭赴京师的途中就顺道拜访了这位旧相识,并作《访唐应德荆川别业》曰:“久负论文约,相违频梦君。”

文彭在京应试前后,与官场同仁及艺苑同好也多有交游。文彭以岁贡生参加廷试,本不是一件特别光彩的事情,但在当时却惊动了三位宰辅,在文彭所著《博士诗集》中有《徐李二相公枉驾见过失讶以诗谢之》《严相公招饮西城寓直》二诗,徐、李为徐阶、李本,严为严嵩。据《明史》表第十一《宰辅年表二》记,严嵩、徐阶、李本在嘉靖三十五年(1556)时皆在任,三位内阁首辅如此兴师动众,也可见文彭与其父文徵明乃至文氏家族在当时的影响力。而在京城候选期间,他多方奔走,为的是能得到一个离家较近的地方的官职,在嘉靖三十六年初文彭写给好友钱榖的一封信中,表达了在京城为了委派一事多方打听、上下疏通的前前后后:

> 区区事体,大率如此,冢宰公已面许嘉兴,但未及与楼老、存渠三公言耳。□□本等教职,必不许多人情。但不往一说,反或见怪,所以只得开口,甚非区区疏懒所宜。若果得南归,其乐何如?[②]

同时,廷试后不久,文彭在写给彭年的信中,也已吐露出此番心声:

> 两日前说是秀水,到开榜日始知嘉兴府学,故尔误书,凡事必等到手方是。

一方面是乡土情深,另一方面也是由于父亲文徵明年事已高,需要作为长子的文彭就近奉养,所幸得到的是与苏州一水之隔的嘉兴府学训导一职。

文彭于嘉靖三十七年(1558)初授嘉兴府学训导,便即刻返回江南赴

---

① 文彭:《琴罢倚松玩鹤》章边款,载《西泠印社百年社藏精品》,西泠印社出版社,2004年版,第110页。

② 徐邦达:《古书画过眼要录》,《徐邦达集》第七册,紫禁城出版社,2006年版,第1057页。

任，父亲文徵明、皇甫汸等皆作诗道贺，父亲文徵明更是感叹道："蝉联宦业承三世，辛苦传家有一经。"[①]文彭在嘉兴任职的时间只有两年左右。嘉兴任上，文彭与嘉兴的巨富兼大收藏家项元汴多有交往，文彭、文嘉兄弟是项氏天籁阁的常客，并参与对其浩如烟海的藏书、藏画的鉴别欣赏活动，钱曾《读书敏求记》载："墨林项氏每遇宋刻，即邀文氏二承鉴别之，故藏书皆精妙绝伦。"[②]"李成《茂林远岫》在项氏，倪元镇有跋，乃文寿承鉴定也。"[③]邓之诚《骨董琐记》卷四《天籁阁印》云："竹垞赠许容诗云：'往时长洲文博士，刻石颇有松雪风。墨林天籁阁书画，以别真伪钤始终。'然则墨林诸印皆国博笔矣。"[④]《式古堂书画汇考》载文彭与项元汴笔札十九通，多是探讨书画的鉴别考论及买卖的话题。项氏是江南巨族，项元汴之兄项笃寿的万卷楼与其弟项元汴的天籁阁齐名，为江南著名的书画典籍收藏中心。文彭有《暮春嘉禾项子长园亭宴集》一诗，记录了他参加项笃寿园林宴会的情景：

九十韶华今日晴，名园喜见绿阴成。
云光映水黄莺啭，草色侵衣白鹭惊。
刻竹又重题姓字，举杯还与说平生。
山穷路转孤花媚，犹见余春一种情。[⑤]

嘉兴府学训导为教职，工作虽然安闲，但俸禄过低，文彭在嘉兴府学训导时作的《官舍敝漏朝来雪霰盈案赋此遣兴》云：

官衙清冷思寥寥，屋破风高雪不消。
三瓦未陈珠的历，四围多隙纸飘摇。
寒灯无着愁书湿，布被多情怯夜迢。

① 文徵明：《送彭赴嘉兴训导二首》，文肇祉编《文氏五家集》卷六《太史诗集》，《影印文渊阁四库全书》第1382册，上海古籍出版社，1989年版，第489页。

② 钱曾：《读书敏求记》卷四《诗文评·"刘勰文心雕龙十卷"条》，书目文献出版社，1984年版，第148页。

③ 《御定佩文斋书画谱》卷九十九，《影印文渊阁四库全书》第823册，上海古籍出版社，1989年版，第388页。

④ 邓之诚：《骨董琐记》"天籁阁印"条，中国书店，1991年版，第129页。

⑤ 文彭：《明文博士诗集》下，收入文肇祉编《文氏家藏诗集》，万历十六年(1588)刻本。

安得杜陵文藻笔，秋风茅屋赋长谣。[①]

足见办公条件之简陋。

文彭从嘉靖三十五年到嘉靖三十八年(1556—1559)，虽然处于追求仕途的重要节点，但是对于艺术的探索，未曾有一丝一毫的懈怠。诗文上：嘉靖三十五年，作《访唐应德荆川别业》《初至京》《廷试述怀》，同年，题文徵明《古洗蕉石图》轴；嘉靖三十六年，福建总兵胡宗宪诱降海盗王直，作《胡总制受王直降有诗志喜，因次其韵》。书画上：嘉靖三十六年，书《沈立洲帖》；嘉靖三十七年，为项元汴草书《傲园嘉兴诗册》，隶书前、后《出师表》。鉴藏上：嘉靖三十七年，跋陆游手简二画真迹，代父文徵明补书苏轼《前赤壁赋》前缺四行及跋；跋马和之《周颂十篇图卷》。

四、丁忧回籍，补授顺天

嘉靖三十八年二月二十日，在文彭六十三岁之际，优游林壑三十余年，四方文儒道吴者莫不过从的文徵明，与严侍御杰书其母墓志时，倏然仙逝。文彭作为长子，按礼须持丧三年，由嘉兴任丁忧回籍。从嘉靖三十八年至嘉靖四十一年，文彭一直在吴中老家丁忧守孝，直至服除，补授顺天府学训导一职。许穀所撰《明两京国子博士致仕赠文林郎文公墓志铭》一文记：

……甫余年，翁以九十寿终，先生哀毁骨立，几不能生。服阕，改补顺天府学……[②]

文徵明在当时社会的名望与影响力，在刘凤撰《续吴先贤赞》中曾有过记载：

喜事少年争奔走之，贾人子冀得其题目，忘失贩鬻，长者家儿欲与士人齿，旦夕候焉。四方来者轸相接也，悬衡一时，轻重在口，如此者数十年。然徵明资实沉厚，学诵亦博淹，诸经义及子、传、太史、左氏皆览涉，不若后生务空名。文亦当时习气，流易以婉怿。诗在唐元

① 文彭：《明文博士诗集》下，收入文肇祉编《文氏家藏诗集》，万历十六年(1588)刻本。

② 文震孟：《吴中小志续编》，广陵书社，2013年版，第93页。

祯温李间，工书善图画，艺皆绝人，求其迹者不惜重购。尤称善鉴，古宗彝斝、三代器及缣素，品不一，吴善以赝售，得其一言辄价翔，故以文史玩弄，声重于王公间，亦一时治熙，得优游驰骛。于彼或患其流，使人若狂，颠蹶造请徒好名，为非其意也。[①]

对于文彭来说，失去父亲是令其难以接受的巨大打击。文彭在父亲去世后，哀毁骨立，几不能生。父亲去世于二月二十日，直至秋天，文彭一直都处于极度悲伤之中。秋意浓时，文彭跋怀素草书《清静经》。《清静经》乃是道教经典之一，经文大旨根据老子"清静无为"的理论推演而来，为纯正理论学说。此经主要阐述"如何清静，渐入真道"，每每朗诵此经"夫人神好清，而心扰之；人心好静，而欲牵之"。"遣其欲而心自静，澄其心而神自清"。自然而然就能"清静""渐入真道"。文彭跋云：

右唐僧怀素草书《清静经》，笔法高古，其为真迹无疑。先君于石田先生处尝见之，每与余言其妙，云：后有刘世昌跋尾者是也……己未秋，客有持示者，精神焕发，真有骤雨旋风之势，惜先君不得再见为恨……仆平生最好素书，所阅甚多，未有如此之妙者也。展玩累日，不忍释手，因题其后而归之，是岁嘉靖三十八年也。长洲文彭记。[②]

文彭此时把对于父亲的思念全部赋予此经跋文之中，可见其在失去父亲后悲伤至极，又睹物思人，更是不能自已，但同时也领悟了父亲为何对《清静经》如此迷恋。这也可以被看作是一个家族性格和品行的传承与延续。如果把一个显赫的文化世家比作长空中的银河，其中必定有一颗巨星。长洲文氏堪称吴中历史上最为引人注目的文化家族，从明初到清初，文化名人源源不断地涌现，但真正能够作为这个家族象征的人物，则非文徵明莫属。一颗巨星的陨落，标志着一个时代的结束，同时也让文彭承担了更多的家族领袖的责任与义务。文彭在为父守孝的同时，也开始以家族首领的身份，开展社交和艺文活动。

---

① 刘凤：《续吴先贤赞》卷十一《文壁》，收入沈节甫辑《纪录汇编》卷一百一十五，商务印书馆，民国二十七年(1938)影印明万历本。

② 张照：《秘殿珠林》卷十六，《影印文渊阁四库全书》第823册，上海古籍出版社，1989年版，第662页。

嘉靖三十八年腊月，文彭过文氏世交的项氏家族项元汴书斋时，书有《雅琴篇》；嘉靖四十年(1561)春，堂弟文伯仁为顾从义作《芳园十五景图卷》，文彭题篆，弟文嘉赋诗。这是文彭在服丧期间仅有的两次同吴中周边地区交游圈开展的活动。嘉靖三十八年文徵明去世后，文彭还题跋了父亲文徵明所作《石湖清胜图卷》。嘉靖三十九年，文彭将父亲文徵明的灵柩厝于虎丘花径，并委托岭南著名学者、人称泰泉先生的黄佐为父撰写墓志铭，并亲自书写。是年，文彭与弟弟文嘉，还共同完成了父亲呕心沥血二十四载的《停云馆法帖》(图三)。

图三　故宫博物院藏明拓《停云馆法帖》薛绍彭书《兰亭序》

明代刻帖盛行，作为一种商业活动，文徵明在书画上富有盛名之后，也进行刻帖，取名《停云馆法帖》。刻帖在文徵明家中进行，文徵明对选帖、钩摹、刻石的要求都非常高，要达到精益求精的程度。晚明时期，名冠吴中的篆书研究重要代表人物赵宧光是这样叙述的：

> 余家近藏停云馆法帖贞珉，乃文待诏先生为之水鉴，国博、和州两先生为之手勒，温恕、吴鼒、章简甫三名人为之手刻，镂不计工，惟期淌志，完不论日，第较精粗。凡此，诸公每构真迹古拓非弥月穷年，不轻摹拓，最后止得一十二卷。[①]

《停云馆法帖》是由文徵明亲自策划，挑选名帖，由文彭、文嘉钩摹，章

① 赵均：《寒山金石林部目》，新文丰出版公司，1986年版，第93页。

简甫、温恕镌刻。《停云馆法帖》的拓片都由拓工尤敬椎拓，赵宧光又称：

“……昔有尤敬以拓工艺冠吴中，且与温、吴、章诸君齐受知于待诏先生父子，其拓法必推之数次，务以轻墨几翻刷之……”[①]

选帖从晋唐起，经宋、元至明代，由王羲之的《黄庭经》开始至文徵明的《西苑诗十首》结束。在文徵明六十八岁时，即嘉靖十六年(1537)春正月，镌刻成了《停云馆法帖》卷一，在长洲文氏停云馆摹勒上石，直至嘉靖三十九年，文徵明去世后一年才完成第十二卷。经过文氏父子的呕心沥血，及漫长的二十四年，先后刻成十二卷，帖石一百二十块。《停云馆法帖》中收有历代名家八十七人的书法，还收有四十二人次的题跋，题跋中有沈周、王鏊、顾璘、王宠等人的书法，还有文徵明和文嘉的题跋。《停云馆法帖》在文徵明六十八岁刻卷一时，先是木刻，后改为刻石。在当时，刻石需要很大的费用，文彭所交游的嘉兴巨贾华氏华夏的《真赏斋帖》刻成后，家业稍落。汪芝刻《黄庭经》等帖，始有六七千金，后因贫困而死。文徵明的《停云馆法帖》，断断续续刻了二十四年之久，中间也可能有经济方面的因素。每刻成一卷，就将拓片装订成册进行出售。在父亲文徵明去世后的一年，文彭和弟弟文嘉终于完成了父亲的心愿，这也算是文彭对于父亲去世的一种告慰。

而在父亲文徵明去世之后，文彭就为仙逝而去的父亲以及早年逝世的母亲昆山吴氏二人，造刻了一尊石释迦像。(图四)此像长9.5厘米、宽6.2厘米。石质，呈粉红色，选料精美，石质光洁细润。正面中间镌刻一尊身披佛衣，两臂掩袖，端坐莲花座上的释迦佛像，其上为一系结璎珞佛龛，下有长圆形五柱，下部两侧有幔障卷结下垂，雕技疏朗而精妙。背面上层雕有一排四个如意云纹，下面上部中间雕有变形双凤，中有一日，两侧雕有变形体躯修长的二龙，纹饰简练传神。中间为一大长方框栏，内镌阴文隶书铭刻五行，每行九字，共四十五字。释文如下：

① 赵均:《寒山金石林部目》，新文丰出版公司，1986年版，第93页。

图四　文彭为父母造释迦音像

嘉靖庚申二月二十日，佛弟子文彭为亡父母，敬造释迦音像一尊，使亡父母托生安乐之乡，愿苦厄悉除往生净土。[①]

从造像的释文记载，文彭是于嘉靖庚申(1560)二月二十日刻造此尊释迦像的，文徵明也正是于该日去世的。虽然去世当日就为父母刻造佛像似乎不太现实，但从另一个侧面，也可见文彭对于父亲离世，悲痛之余，也要尽儿子的孝道。嘉靖三十九年八月，文彭与弟文嘉、次子文元发，以及共同交游的王庭、彭年、谢时臣、许初、袁氏家族袁褧、袁尊尼、袁梦鲤、陆师道、钱榖、朱朗、周天球、沈伯麐、张凤翼、张献翼等人，为王榖祥六十生辰贺寿。这是文彭在长洲为父丁忧守孝期间参与的比较重大的交游活动。嘉靖四十年正月，与子阴书附五言律诗二首；七月，题尤叔野藏赵孟頫小楷《赤壁赋》。也正是在嘉靖四十年秋天，文彭即将丁忧满三年，入京候补，此时与弟弟文嘉合作，共同创作了书翰合册，并在父亲文徵明所作的《人日诗画卷》题书小楷《宋词册》；临去京师前，他还与所交游顾氏家族顾从礼、顾从义，父亲文徵明的忘年交陈淳作了临别之前的最后一次交游活动。嘉靖四十年冬月，题沈周《韩锦衣园林六景图》赠予顾汝所，并题陈淳《庵画图》。

① 石志廉:《记文彭为父母造石释迦像》,《文物》,1994年第6期,第31页。

在吴中丁忧守孝的三年时间，同时也是文彭从仕以来难得的休憩与交游的时光。三年服除，文彭进京后，被补授顺天府学。皇甫汸曾在此时作《送文教司北上》诗为文彭送行：

当宁崇儒教，持经谒圣君。
伏生犹未老，扬子最能文。
帐已同南那，书堪逼右军。
还怜竹林后，见尔出难群。①

从文彭所题写的沈周《韩锦衣园林六景图》可知，文彭在嘉靖四十年(1561)的冬天已经在京师了，此时文彭所得到的职位是顺天府学训导。顺天府学属于京师直隶，也就是京师地方的最高府学，虽是地方府学训导，但是因为所处区域的特殊性，文彭在此时的工作应当是较为重要的，这也为文彭后来升任北京国子监学录埋下了伏笔。文彭补授顺天府学，多是当时应急之举。在任职顺天府学录时，他曾在尺牍中说：

区区在此随缘过日，而顺天独为凉薄，但系京职，差足慰耳。无足为吾弟道也。②

文彭次子文元发也说在谈及父亲时有过感叹：

“以志趣高朗，不屑生产，家贫甚，至乏薪水代劳之人。”③

在补授顺天府学期间，嘉靖四十一年四月，文彭作《四月七日顾汝和明日四十诵杜诗学上足成之》；是年秋日，文彭自作书卷及《竹轴》，并跋弟文嘉所作《赤壁图卷》。

嘉靖四十三年闰月，文彭将父亲文徵明葬于苏州虎丘花径（图五、图六）。文徵明墓所处的虎丘花径，现在位于苏州市虎丘区文陵村李家浜，文徵明墓地在解放前保存较为完好，二十世纪八十年代后虽然只剩下墓冢，但周边的环境仍然是幽静异常，这也可以看作文彭对于父亲文徵明最

---

① 皇甫汸：《皇甫司勋集》卷二十二，《日本内阁文库藏明代稀书》第2476册。

② 文彭所作《致清溪札》，2009年中贸圣佳国际拍卖有限公司十五周年庆典艺术品拍卖会。

③ 文元发：《清凉居士自序》，收入《明文海》卷四百三十四，《影印文渊阁四库全书》第1458册，上海古籍出版社，1989年版，第240页。

后归属的一种安排，父亲“性简静”的处世风格在其长眠之处也得到了延续。文徵明下葬之时，吴中地区诸名公钜卿，均前往吊唁祭奠，并赠送财物种种，文彭与弟弟文嘉将此类种种，合辑录为《葬录》。

图五　现今的虎丘

图六　现今的文徵明墓

文彭回乡丁忧，虽然只有短短的三年时间，但是有宽裕的时间和原先积累的丰富交友圈落；而在嘉靖四十一年至嘉靖四十四年的三年时间里，因为其官职品位较低，生活较为清淡，文彭也有了足够的时间开展相应的艺术创作，并在京师逐渐建立了自己的交游圈。这几年的时间内，文彭的交游活动与艺术创作活动未曾停止。这一时期，文彭在艺术领域的探索上，主要还是集中在诗、书、画、印、鉴几方面。

诗文上：嘉靖三十八年，十月赋诗题弟文嘉《杜陵诗意图》；同年跋文徵明《石湖清胜图卷》；嘉靖四十年，正月与子阴书附五言律诗二首，腊月沈周《韩锦衣园林六景图》赠顾汝所，是年题写陈淳《罡画图》；嘉靖四十一年，四月作《四月七日顾汝和明日四十诵杜诗学上足成之》一文，跋弟文嘉《赤壁图卷》；嘉靖四十三年闰月，文彭与弟文嘉将诸名公钜卿，吊唁祭奠与赠送财物的种种，合辑为《葬录》。

书画上：嘉靖三十八年，腊月过项元汴书斋时为其书写《雅琴篇》，是年草书《千字文卷》；委黄佐撰写父亲墓志后自书之；嘉靖四十年，题父文徵明《人日书画卷》书小楷《宋词册》；嘉靖四十一年，画《竹轴》。

印学上：嘉靖四十年春，题篆弟文伯仁为顾从义所作《芳园十五景图卷》；嘉靖四十一年，刻“画隐”石印。[①]

---

① 此方“画隐”石印，据周新月在《中国篆刻》1997年第3期发表的《文彭年表》一文，认为是印真伪待考证。

鉴藏上：嘉靖三十八年秋，跋怀素草书《清静经》；嘉靖三十九年，与弟文嘉合力完成父亲文徵明未尽《停云馆法帖》共十二卷；嘉靖四十年七月，题尤叔野藏赵孟頫小楷《赤壁赋》。

五、擢升北监，宦游京师

嘉靖四十四年乙丑(1565)，按例三年考绩，文彭大约在此时被擢升为北京国子监学录。(图七)国子监是当时的最高学府和管理教育的行政机构，明代国子监，以师为官，从祭酒到一般教学、管理人员都是朝廷命官，由吏部任免；招收的学生，也大都为官僚子弟与贵族子嗣。文彭此时所任的国子监学录，掌执行学规，考校训导；又置职事学录与学正、学录通掌学规，明学录秩从九品。虽然只是负责授人子弟的一介九品官，品位低微，但是其所追求的功名理想，在此时已俨然走上正轨。文彭的喜悦心情，在他当时所作的《初转成均学录呈同僚诸公》诗文中，便可一窥：

图七　北京国子监

偶转官阶向辟雍，横经分讲日愉容。
彝章品节群英聚，礼乐陶镕六馆同。
久傍宫墙沾圣化，喜看桃李盛春风。
董韩千载声华重，俯仰千载忆二公。

诗文中提及的“宫墙沾圣化”，则是文彭在国子监学录之职上最为荣耀的一件事。嘉靖四十五年(1566)十二月十四日,世宗崩;二十六日,穆宗继位,改元隆庆。在明穆宗即位后不久,就亲自前往国子监听讲,文彭蒙受圣恩,明穆宗御赐裘衣,这对于文彭而言,荣幸之至。其所作的诗文中写到:“小臣何事躬逢盛,岂谓儒冠误此生。”在受到如此恩宠之后,文彭似乎有些诚惶诚恐,在对二子书信中有曰:

寻升国子学录。恭遇穆宗登极,幸学听讲,赐有袭衣,众称殊遇。因谓二子曰:“吾家自衡来苏,登第不乏,尔祖尔父,先后蒙恩,赐袭衣银币。即列在散阶,未可为不遇也。”①

自嘉靖四十一年补授顺天府训导,到隆庆三年(1569)擢升为南京国子监博士,在京师生活的六年多时间中,文彭的生活和社交,也是其一生中重要的内容。

顺天府学与北京国子监的职位都是较为低微的九品官,俸禄自然也不多,清淡的生活之余,文彭一方面需要依靠自己的艺术创作、作品鉴藏等来补贴生计;另一方面,伴随文彭的名声渐盛,日常的交游与游玩,也逐渐丰富了其在北京的朋友圈。文彭在其所作的《不出》一诗中写到:

漫说为官好,常忧室磬悬。
近承秦御史,赠我写碑钱。
饭饱衰年肉,薪生冷灶烟。
从来慵来接,且复枕书眠。

也正是通过艺术创作这一特殊媒介,文彭在京也逐渐结交了相当多的好友。在第一次进京参加廷试时,文彭已经声名大噪,在卞永誉《式古堂书画汇考》卷二十七中记:

三桥在此,三公而下,无不倒屣迎之,且古玩山积,资斧日增,今岁准得嘉禾之选矣。

文彭在京城,经常闲游于城外,游览风景之余,也自然会赋诗吟曲。胡应麟曾有文记文彭等人在京游宴之盛况:

① 文震孟:《吴中小志续编》,广陵书社,2013年版,第93—94页。

每令节芳辰，名园胜墅，若河朔盛夏、兰亭暮春、梁台冬初、赤壁秋望，靡不折柬追呼，穷极兴会。华堂邃阁，飞尘不侵，绣户珠帘，珍玩罗列。图书四壁，彝鼎两序，清谈甫洽，能事竞兴。公与寿承以翰墨，思伯以丹青，惟寅以鸣琴，鸣皋以击剑，谦之、子鸣、仲修、汝修以壶矢六博，仆与裕卿、在明、颜生、岑生以奕棋，董生、何生以篆刻，又武人李生箜篌琵琶，艺绝当代，前无等伦。①

与文艺名家交游的同时，他于京中官员的雅集盛会，也多有所参与："棋局往来随胜负，投壶还激罄交欢。"②

文彭在京交游的诸多艺文名家，有许多都是父亲文徵明的生前好友，文彭作为文氏家族新的掌门人，与他们进行了广泛的交往。其中，较有代表性的为上海的顾氏兄弟，广东文人黎民表、欧大任、梁孜，宝应人朱曰藩等。文彭与当世大儒、散文名家唐顺之交情也很不一般，而最为重要的交游对象，则是"后七子"中的王世贞、徐中行、吴国伦、宗臣等人。文彭在京期间，与艺文名家交游，艺术成果斐然。

诗文上：嘉靖四十四年（1565），作《初转成均学录呈同僚诸公》；书画上：嘉靖四十四年，书《闲中即事》卷；嘉靖四十五年，三月小楷书《千字文》册，初冬草书《古诗十九首》，是年楷书《广川书跋》；隆庆元年（1567），八月，与弟文嘉合作书画卷，十月书《春兴二首》题扇呈沙塘户部，是年书文徵明诗卷与《卢仝茶歌卷》。印学上：嘉靖四十四年，始钤"国子先生"印，应为此间所刻；鉴藏上：嘉靖四十五年，仲夏跋赵孟頫书画册；七月跋王震川所藏文徵明《竹居图》；是年跋文徵明《花游图卷》。

六、南监博士，一代宗师

隆庆二年戊辰，文彭在北京国子监学录的职位上三年任满，被擢升为南京国子监博士。《明史·职官四》记："国子监。祭酒一人，司业一人，监丞一人，典簿一人，博士三人，助教六人，学正五人，学录二人，典籍一人，学

① 胡应麟：《与黎惟敬秘书》，《少室山房集》卷一百二十，《影印文渊阁四库全书》第1290册，上海古籍出版社，1989年版，第882页。

② 文彭：《明文博士诗集》上《宴董学士新堂》，收入文肇祉编《文氏家藏诗集》，万历十六年（1588）刻本。

馔一人。嘉靖三十七年，革助教二人及掌馔。隆庆四年，革博士一人，学正一人。”明洪武十五年(1382)改学为监，置三员，从八品，二十四年定置五员，《易》《诗》《书》《春秋》《礼记》，人专一经，又称五经博士。

文彭此次赴任南京，虽然是得了一个从八品的官位，但其实从北监到南监，反而得了清闲，这也为其晚年的艺术创作提供了良好的环境。(图八)赴任南京对于文彭而言是故地重游，从二十三岁首次随父亲文徵明赶赴南京参加乡试，之后每隔三年文彭都必到南京应试。早年多次乡试，这里有父亲的众多好友可作依托，如许隚、徐霖、顾璘等人，也正是因为文彭年轻时代往来于金陵、长洲两地，父亲在南京的交游圈，在此时也一并传承给了文彭。此番上任南京国子监博士，文彭已七十二岁高龄，早年间熟识的父执也都已作古，此时交往游玩的多是父执子侄辈如许隚子许穀、王韦子王逢元等人，这些人也渐渐与文彭结为世交。

图八　在现今东南大学成贤街重新树立的“国子学”牌坊

早年文彭随父参加乡试，每到南京就宿于父亲好友许隚家之惟适轩，在父亲文徵明去世后，文彭依旧如此。(图九)许隚好藏书画，与文徵明、顾璘、王钦佩等人引为密友，卒后墓志铭为文徵明所书。文、许二家，相交四代，感情弥笃深厚。文彭卒后，许隚之子许穀在应文彭之子文肇祉之请，为其父作墓志铭时回忆云：

图九　民国时期的江南贡院

余忆弘、正间，先考功以韦布善吟，即缔交于太史翁甚密，自是每应秋试，辄携先生伯仲至我斋头。余方为童子，翁既视如犹子，而先生亦以爱弟遇之，遂称通家。①

父亲的好友隐士徐霖，当时也在南京，文彭曾赠诗一首，赞其高节。年伯顾璘，文彭早年即得结识，顾璘每来吴门访问徵明，文彭多参与接待，顾璘《与王履约履吉文寿承休承袁补之永之六贤上方山玩月》、文彭《侍顾华玉丈上方玩月》等诗可证。文彭此次赴任南京之时，顾璘已作古，文彭首先拜访的就是许隚之子许穀。文彭任职南京与许穀故友重逢，后者作诗《喜文大寿承至》感叹曰：

建邺相逢三十秋，燕矶牛渚旧同游。
嗣宗对面还青眼，原亮归田已白头。②

文彭此次以京官调任的身份来到南京，心情自然大不相同。一到南京，就投入国子监日常的繁杂工作当中，这对于一位七十二岁的老人而言，着实不易：除了要应付繁杂的公务之外，初至应天府，收入不多，还被房东催租；另外应允他人委托的篆刻图章等艺术创作事宜也使其心力憔

① 许穀：《明两京国子博士致仕赠文林郎文公墓志铭》，收入褚亨奭编《姑苏名贤后纪·文氏五世志传》，赵诒琛、王保譿、王大隆辑《乙亥丛编十六种》第1册，民国二十四年（1935）铅印本。

② 许穀：《喜文大寿承至》，《许太常归田稿》卷六，据湖北省图书馆藏明万历十五年吴自新刻本影印《四库全书存目丛书》集部104册，齐鲁书社，1997年版，第152页。

悴。陆心源《穰梨馆过眼录》载有文彭写给其亲家王稚登一札，对于其当时在南京的工作、生活与艺术创作的情况，作了详细的记录：

日日欲南来，一面竟不可得。虽曰冷官，因科场近阅卷，监试伺候两厢，兼有俗人见委，亦需言还。移居之事又因房主延推催促，不可少缓，所以吾兄所委遂至迟滞，若欲草草打发，半刻工夫也，又非所以待吾兄者，如何如何。病中有佳作不见寄来，只催图书，何俗如之，一笑一笑。彭顿首，玉遮尊兄亲家。①

此札书信，同样也能一窥文彭严谨的创作态度，虽然篆刻的名气甚大，但他始终抱着严谨认真的态度，即使是应酬之作，也不愿草草打发。文彭在南京的另外两件与篆刻有关的活动，一是授何震以六书之学，二是庇留因仇杀人的苏宣，并亲授印学。但这两件事的实情，暂时尚无翔实史料可考，不能不引以为憾。②

有史料记载，第一个使用青田石治印的正是明代国子监博士文彭：他在南京任职时，有一天偶遇一位卖青田石的老汉，于是买下了四筐石头，回家锯开一看，灯光下奇石晶莹剔透，从此他治印不再用象牙而用青田石了。周亮工的《印人传》(图十)中有着详细的记载：

余闻国博在南监时，肩一小舆过西虹桥。见一蹇卫驼两筐石，老髯复肩两筐随其后，与市肆互诟。公询之，曰："此家允我买石，石从江上来，蹇卫与负者须少力资，乃固勿与，遂惊公。"公睨视久之，曰："勿争，我与尔值且倍力资。"公遂得四筐石。解之即今所谓灯光也，下者亦近所称老坑。时徙中为南司马，过公，见石累累，心喜之……徙中乃索其石满百去。③

① 卢辅圣主编：《中国书画全书》第13册，上海书画出版社，2000年版，第285页。

② 刘东芹：《文彭晚年书法篆刻活动及两京行迹考述》，《书画艺术学刊》，2009年第3期，第444页。

③ 周亮工：《书文国博印章后》，《印人传》卷一，《续修四库全书》第558册，上海古籍出版社，1995年版，第34页。

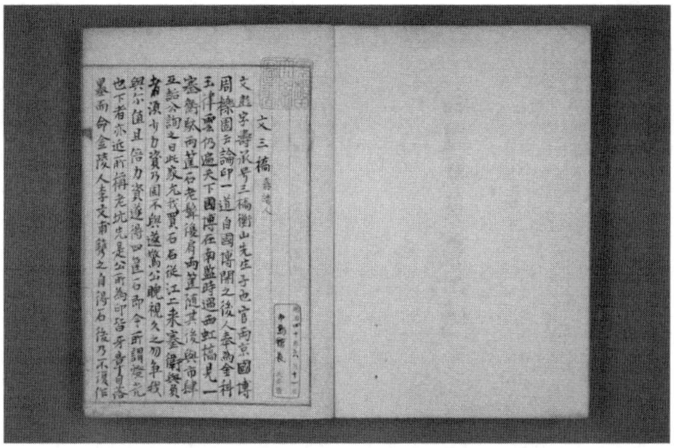

图十　明治四十年(1907)《和汉印人传》

由于文彭的影响,加上石质印章本身具有的优越性,以石治印便在文人中很快地流行开来。周亮工《印人传》所云灯光冻石一事值得怀疑[①],此种说法,在现在看来未免有些玄幻,但也足以证明此时文彭的艺术创作已经炉火纯青,并对当时的篆刻艺术产生了深远的影响。

文彭在任职南京期间,开展了大量的艺术创作、鉴藏活动。隆庆三年(1569),文彭在南京得到了唐冯承素临本《乐毅论》,兴奋之余,接连题跋,并拿出在北京所得索靖《出师颂》相较,云:

> 隆庆三年元旦,焚香盥手谨观,文彭寿承甫记。是日有禁,不得贺节,明窗净几,展玩数日,甚乐。再观索幼安《出师颂》,盖天地间二宝也,文彭再记。[②]

从《乐毅论》胡汝嘉跋中还可看出文彭与南京书家有着密切的交往。[③]文、胡二人为棋友,经常在一起赏评书画古帖,交换藏品学习。文彭《致秋宇太史札》(图十一)中云:

> 连日不面,耿耿。《淳化帖》昨只对得一本,且褫来看看。再整得,当奉敬也。涪翁书画跋借来一看,随当纳还,不久滞。庭中设一小盆,欲得金鱼数头,闻令亲处有之,能转乞数头惠我如何?若得就以

---

① 无相:《论文彭在篆刻史上的地位和贡献》一文中,对《印人传》中所云文彭在南京发现石质印材亦提出怀疑。见于《书法研究》总第122期,2005年。

② 郁逢庆:《唐冯承素临本乐毅论》,《书画题跋记》卷三,《影印文渊阁四库全书》第1287册,上海古籍出版社,1989年版,第127页。

③ 刘东芹:《文彭晚年书法篆刻活动及两京行迹考述》,《书画艺术学刊》,2009年第3期,第444页。

所蓄者付来，尤妙尤妙。两日棋着已通神矣，何日过我试之。彭顿首，秋宇太史先生。

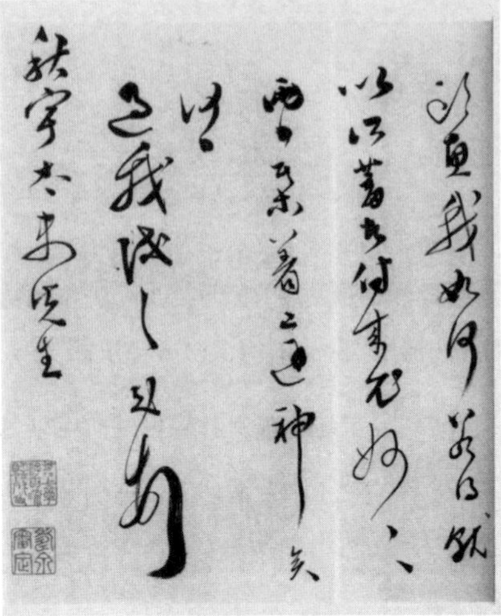

图十一　文彭致秋宇太守札，钱镜塘藏

在南京国子监的职位上，文彭无论是艺术创作，还是社交雅玩，都已经进入一个新的境界，此刻文彭的社交圈可以说是相当融洽，以至于有一位丞相以御赐馔盒相赠，以示重视。[①]文彭在南京逐渐安定下后，在隆庆四年庚午（1570）八月，将儿子文元友、孙子文从周和文从绳以及侄子、侄婿等人接到南京游玩。陶梁《红豆树馆书画记》所载《文三桥墨迹卷》跋云：

> 隆庆庚午（原书为庚子，疑误。）八廿又二日，同侄婿顾咸宁、甥王政敷、子元友、侄弼、孙从周、从绳同游牛首，赋此纪兴。

文彭作为此时文氏家族的族长，携一众族人在旧都游古寺，登高望远，观览扬子江水滔滔东去，不免对自己的仕途渐生疲乏之感，在写给一位晚辈的诗文中，文彭写到：

> 忆昔交君父祖间，俄然七十已华颠。
> 风尘奔走何堪我，田里优游愧尔贤。

① 李日华：《味水轩日记》卷七，《续修四库全书》第558册，上海古籍出版社，1995年版，第488页。

但得安闲无外事，不妨平地作神仙。

明年倘得回乡里，同泛鹅津荡口船。[①]

文彭此时已经七十四岁高龄，其无心仕途，一心想安享晚年的这种愿景，在与胡汝嘉同登雨花台，赋诗交游时，就已渐渐显露：

雨露瀼瀼下碧天，金陵风物故依旧。

偶干薄禄承三郭，不道虚物已十年。

两地驱驰空白发，一生心事有青毡。

雨华台上休回首，不见长安见暮烟。

所谓天不遂人愿，隆庆五年辛未(1571)岁末，文彭却接到赴北京考绩的谕令。周亮工曾在其《书文国博印章前》一文中提到此次再赴北京的原因：

相传徙中入都，某冢宰讶国博，曰：公索国博章累累，仆索一章不可得。徙中曰：邮者浮沉耳，公诚嗜国博章，何不调而北，于是公遂为两京国博。[②]

文彭因为高官的倾慕，而被调至北京的说法，未尽完全准确，但是赴北京考绩，照理应是得到升迁的，但是此次从南监调任北监，并未取得任何官职上的进步。许穀在为文彭所撰墓志铭中提到：

壬申，以考绩入京。时执政者谓先生文章，宜荐史馆。铨宰以国学须老成人，竟补前职。先生游宦两京，性厌奔走。退食后，惟闭户探书，临池洒翰，俯仰如意。

在南京国子监最后的时光里，文彭向世交许穀告别，许穀作《赠文寿承博学》一诗相赠：

白下论交四十年，旧时青鬓各华颠。

天边结绶怜君晚，谷口扶犁让我先。

月夕偶成鸡黍会，秋江暂驻孝廉船。

---

① 陶梁：《红豆树馆书画记》，《影印文渊阁四库全书》第1082册，上海古籍出版社，1989年版，第721页。

② 周亮工：《印人传》卷一，《故宫珍本丛刊》，海南出版社，2000年版，第342册，第6页。

荐雄此去多知己，谁道儒官老郑虔。

此次北京之行，是文彭生命中的最后一次远行，北方的冬天毕竟不适宜长期生活在江南的人居住，文彭对于官补前职，未得擢升并无太多的想法，对于这位已经七十五岁的吴中文冠，故乡的石湖、虎丘才是他心所向往之处，强烈的思乡情结驱使他乞休回家，加之在京酬应之劳甚多，身体不堪应付。[①]在北京的最后时光里，文彭将更多的时间用于对艺术领域的探索，同时开展了大量围绕艺术创作、鉴藏的社交活动：

初不自知其有官，缙绅闻其名者，相率过访……坐中有叩及古今书史者，应答如响。至鼎彝款识法书真赝，入手辄辨……字学钟王，后效怀素，晚年则全学过庭，而尤精于篆隶，索书者接踵不断……先生则手不停披，求者无不当意，且恐待以举火，故一一应之，而亦其性然耳。诗宗陶、谢，后效李白，援笔立成，宛有法度。又喜篆刻，印章即置在汉人中莫辨，此又好古之余事云。[②]

文彭在京期间的大量艺术创作、社交应酬、作品鉴赏等活动，也在消耗其最后的一丝精力，儿子文肇祉在给朋友的一封信中是这样描述此时父亲的：

到京见老父，形骸骨立，痰伏不止，眩晕数次，药饵又不敢妄投。至六月初六，呕痰数升，几至难保。[③]

鉴于这种身体状况，文彭三次上书乞休，是年冬天，终得谕旨恩准：

先生居京既久，酬应太劳，乃乞归。始得俞旨，即欲拏舟南下。[④]

但是时值隆冬，当时从北京返回苏州的水路被厚冰所覆盖，乘舟南下返回长洲只能推迟到开春之后，冰河解冻之时。此时的文彭必定是欣喜异常，在去世的前几日，还拿出友人创作的书法作品，对自己收藏的作品

---

① 刘东芹：《文彭晚年书法篆刻活动及两京行迹考述》，《书画艺术学刊》，2009年第3期，第444页。

② 许穀：《明两京国子博士致仕赠文林郎文公墓志铭》，收入褚亨奭编《姑苏名贤后纪·文氏五世志传》，赵诒琛、王保谌、王大隆辑《乙亥丛编十六种》第1册，民国二十四年（1935）铅印本。

③ 上海图书馆编：《上海图书馆藏明代尺牍·第四册》，上海科学技术文献出版社，第2002页。

④ 许穀：《明两京国子博士致仕赠文林郎文公墓志铭》，收入褚亨奭编《姑苏名贤后纪·文氏五世志传》，赵诒琛、王保谌、王大隆辑《乙亥丛编十六种》第1册，民国二十四年（1935）铅印本，第867页。

进行交流欣赏，一切如常。元旦拜天祝圣后，文彭还出坐中堂，受家人拜，喜而言曰：

“吾宦历两京，年近八旬，子孙成立，今又完名乞还，幸矣幸矣！吾其逍遥石湖、虎丘之上，以乐余年，不亦可乎？”①

所作《乞休致喜》诗亦云：

青衫白发赋归欤，六馆横经九载余。
承乏独惭縻廪禄，引年三上乞休书。
圣恩浩荡容投老，茂苑荒芜有敝庐。
待得春风开冻后，扁舟南下乐何如。②

但是世事难料，在文彭致友人的一封信札中，就能看出其疾病缠身，厄运连连，信云：

知荣还，即拟趋见，适有破额之厄，不可以风，遂尔中止。③

不仅遭遇到如此创伤，他在去世前夕似乎已经意识不清了，其《墓志铭》有云：

入新正，一日晨起，问伯子曰：“日上窗未？”且曰：“吾夜甘寝，梦皆仙境，吾殆归乎？”有顷，披衣而坐，倏然而逝。

万历元年癸酉(1573)正月二十日，文彭阖然长逝，去世后由其子文肇祉扶榇南归。当时的文坛领袖王世贞对文彭的死表示出极大的悲哀，其《悲七子篇》序云：

隆庆壬申初冬，梁礼部思伯以使事访我还南海，明年万历改元六月，余之楚臬过吴门，文博士寿承丧归自燕，余往吊。……盖四月余而六人者次第逝，并寿承七矣。夫七人者，皆风雅士也，后先与余游

① 许穀：《明两京国子博士致仕赠文林郎文公墓志铭》，收入褚亨奭编《姑苏名贤后纪·文氏五世志传》，赵诒琛、王保譿、王大隆辑《乙亥丛编十六种》第1册，民国二十四年(1935)铅印本，第867页。

② 文彭：《博士诗集》卷上，收入文肇祉编《文氏家藏诗集》，万历十六年(1588)刻本。

③ 此札见于张鲁泉、傅鸿展主编《故宫藏明清名人书札墨迹选·明代一》，荣宝斋，1993年版，第168页。此札后钤有“两京国子博士”朱文印，可知是在此年。故宫博物院另藏有文彭草书《自书杂花诗》，题款曰：“隆庆壬申五月既望，三桥文彭闲录旧稿”。后也钤有“两京国子博士”朱文印，可知文彭此印大都用在此时。

好,乃不半岁而尽失之,能令后死者无戚戚也?

文彭最终由其子文肇祉等人安排后事,于万历十一年癸未闰二月十有九日壬申,葬于石湖西梅湾山之翔凤岗。(图十二)

图十二　现今苏州的石湖与上方山

从隆庆二年到万历元年(1568—1573),在文彭最后的六年人生旅途中,他把主要的精力都贡献给了艺术,这一时期的艺术成果斐然。

诗文上:隆庆二年,六月题陈淳《仿米氏云山卷》,八月题刘敞书《南华秋水篇》,九月题弟文伯仁《溪山仙馆图》,是年题尤求《汉宫春晓图》卷首;隆庆五年,题崔白《寒雀图卷》。书画上:隆庆三年,书《雨花台》诗扇,行书《岳阳楼记》,与弟文嘉合作《琵琶行图》;隆庆四年,三月书《后赤壁赋》附陆治《后赤壁赋图卷》后,九月草书七言律诗;隆庆五年,春,草书《唐人诗册》,暮春,临《兰亭序诗册》,是年书《出师表》;隆庆六年,三月画《兰竹图》并自题,冬,与弟文嘉合作《赤壁赋书画卷》,是年书《古诗十九首》卷。鉴藏上:隆庆三年,元旦跋冯承素临《乐毅论》,三月跋宋宁宗书《书谱》;隆庆四年,四月跋黄公望《富春山居图卷》;隆庆五年,跋朱玉《揭钵图卷》;隆庆六年,上海顾以德辑《集古印谱》成书,首例九字玉印为文彭鉴定。

第三节　文彭的交游圈落

明代后期商业经济的发展,导致人们的生活内容和生活方式都出现了较大变化,特别是在城市里,市井文化开始侵蚀传统的士人文化,小说、戏曲等市民文学形式也因此得以勃兴。在风雅独绝的江南,包括书画在内的各类艺术作品已不仅仅作为一种文人清玩而存在,其商业价值也不容小觑,大量有艺术天赋的文人开始尝试以此谋生,而对于不少读书人来说，诗文也开始成为商品，各种寿序、行状、墓志铭等文体的书写都可以得到一定的财物作为报酬，甚至不乏以此获取巨资的文人。在商业文化不断膨胀的背景下，传统文人的观念产生了明显的变化。这也就不难理解文彭在吴中、金陵、京师等地有着庞大的交游圈落。

文彭一生交游可大致分为居乡和为官两个时期，以嘉靖三十六年(1557)为界限。前期侍父家居，虽在科举上屡受挫折，但因父亲文徵明的类似经历而不以为意，一心钻研书画金石及其赏鉴，先是充当父亲的助手和参谋，在家风和交游的双重影响下，渐渐积聚起丰富的经验，在文徵明去世之后，即被公推为大家。文彭长期随侍徵明，得到了与父亲的友人、学生广泛交流的机会，为人又“赋性坦夷，中无城府，待人无分疏戚隐显，一以宽平和易处之，能令见者生敬爱心”，于是“四方杰士咸乐与为交”[①]，其中既包括与文氏有亲戚关系的王榖祥、王同祖，也包括父亲的好友及学生辈。文彭与弟弟文嘉早年曾师事汤珍，他与王宠也过从甚密，曾在正德十五年(1520)与王宠同寓石湖治平寺读书，王宠呼之为“山侣”。他与彭昉、彭年、钱穀、陈淳、周天球、华云、张凤翼及袁氏兄弟等人皆为好友，与王世贞、王世懋兄弟也有交往。文徵明晚年时，二子彭、嘉更多地担负起与各界人士进行社交活动的任务，因此他们与苏州以及周边的无锡、嘉兴等地的收藏家多有来往。文彭与华云、华夏两大收藏家交往颇深，还与名士皇甫汸和当时流寓吴中的丰坊有所交往；在苏州，还有不少朋友属于消闲淡逸的隐士，如住在临近的顾祖辰、卢文厚等。

在这一时期的社会交往和交游雅玩，也基本上都是围绕着文彭艺术创作、金石鉴赏活动展开的。文彭这一时期交往的文人雅士，绝大部分是拜父亲的广泛结交所赐。文彭继承了父亲好交游的性格，书朋画友不计其数。诗、文、书、画是文彭同这些人相互联系、维系情感的重要纽带，随侍父亲的这一阶段，通过与友人、前辈相互切磋，既提高了文彭在艺文之上的造诣，也扩大了他的知名度和社会影响力。

在仕途上，除在嘉兴的一年外，文彭主要奔走于南北两京之间。嘉靖

---

① 许穀：《明两京国子博士致仕赠文林郎文公墓志铭》，收入褚亨奭编《姑苏名贤后纪·文氏五世志传》，赵诒琛、王保譿、王大隆辑《乙亥丛编十六种》第1册，民国二十四年(1935)铅印本，第867页。

三十七年(1558)文彭出任嘉兴府学训导,时年六十二,而嘉兴的巨富兼大收藏家项元汴三十四岁,两人在嘉兴多有交往。文彭、文嘉兄弟是项氏天籁阁的常客,并参与对其浩如烟海的藏书、藏画的鉴别欣赏活动。项氏是江南巨族,项元汴之兄是项笃寿,他的万卷楼与其弟项元汴的天籁阁齐名,为江南著名的书画典籍收藏中心。

在北京候补及任职期间,文彭与官场同仁及艺苑同好多有交游。嘉靖三十六年(1557),文彭以贡生赴京参加廷试,从诗集中《徐李二相公枉驾见过失迓以诗谢之》《严相公招饮西城寓直》《邢太史夜坐以杂花插瓶作供》《邢太史田锦衣集神乐观》《再承李阁老见过》《至日雪晴谒徐相公蒙以内赐珍珠红酒留酌赋此谢之》等作品的记录来看,文彭在京应试前后及候补期间,与不少大员进行了接触,一个贡生能得到这样的机会,无疑与文彭在艺术上的声名和父亲的影响力有关。[①]

文彭在京好友中有不少文艺名家,他们多是父亲的生前友好,文彭以通家子弟与他们进行了广泛的交往,如上海的顾氏兄弟:顾从礼(1510—1583),顾从义(1523—1588),顾从敬(生卒年不详)三兄弟,文、顾两家为世交,文徵明曾有《寄顾汝和》诗,而顾氏世藏《淳化阁帖》,曾交由文氏父子摹勒上石;文彭与顾氏兄弟在书画金石艺术方面多有交流切磋。文彭与广东书画家在京群体的交游也十分频繁。较有代表性的为广东从化人黎民表,番禺人梁孜,“南园后五子”成员之一的欧大任,顺德人梁柱臣。文彭在京期间,还与当世大儒兼散文名家唐顺之交好,并为其刻章交游。与“后七子”的交游,是文彭在京活动的重要组成部分,文彭与徐中行、王世贞早年相识,进京后又与七子其他成员结交,并在交游期间创作了大量的诗词来记录彼此的友谊。

隆庆二年(1568),文彭被擢升为南京国子监博士。南京是文彭熟悉的地方,早年曾多次来此参加乡试,这里有父亲的众多好友可作依托,如许隚、徐霖、顾璘等人。文彭任职南京时,则与许隚之子许穀重逢;与父亲的好友隐士徐霖,也在南京相遇。师事文彭,后又与文彭并称“文何”的何震,他常住南京,与文彭交往,请教篆刻,他的印有受文彭影响的一面。

① 杨昇:《长洲文氏家族文学研究》,苏州大学2011年博士学位论文,第179页。

这一时期文彭的交游雅玩，则更多是投身于最为繁忙的应酬活动之中。与单一的书画应酬不同，他们还需要回应客户的其他文化索求，诸如诗文、鉴定题跋、全补古画、统筹碑板、钩摹刻帖、篆刻，甚至统筹当地文人为某一特定目的创作整套书画卷册。文彭生性渊默，待人以诚，在当时书名日盛、索书者接踵不断的情况下，文彭也是来者不拒：

> 坐中有叩及古今书史者，应答如响。至鼎彝款识法书真赝，入手辄辨，即张华、束晳不过是。故士林中益尊信之矣。为人疏懒任情，不解干谒，以故久历宦途，屡空如故。乃乡人入京者，咸依先生为家，先生皆曲为款接，而竟忘其力之不赡也。[①]

文彭对后学的赞许奖掖也不虚浮于表面，而能真正深入地洞察人才，张凤翼、何震、苏宣等人与文彭亦师亦友。在注重社交雅玩的同时，文彭也是将自己的艺文创作与艺术创新，融入日常的社交生活中，在其整个仕途中创作的各类书画、诗文、印章等作品的数量和种类，要远远超出早年。

吴中文人荟萃，形成了一个较大的交游圈。文彭之父文徵明曾是这个圈子的核心人物，因此，文彭从小就得以活动于这一文人圈。且随着其年龄的增长，他也一再地拓展着自己的交游范围。从时间来看，其交游可分为两个阶段：十六岁到六十岁为第一个阶段，六十岁出仕至去世为第二个阶段。而从地域来划分，则大致可以分为吴中、金陵、京师和吴中周边地区（包括无锡、宜兴、松江等地）四大交游圈。由于文彭继承了父亲文徵明的衣钵，交游广众，为了叙述的方便明晰，本文采取后一种标准对他一生的交游进行大致的划分。

一、吴中交游圈活动

吴中地区的交游圈，主要分为两个时期：一是文彭早年跟随父亲在家潜心艺事，准备参加考试的这段时间；二是文彭在父亲文徵明去世后，在家丁忧守孝的三年时间。

苏州作为文彭的老家，加上父亲文徵明作为当时吴中优秀文人的代

---

① 许穀：《明两京国子博士致仕赠文林郎文公墓志铭》，收入褚亨奭编《姑苏名贤后纪·文氏五世志传》，赵诒琛、王保譿、王大隆辑《乙亥丛编十六种》第1册，民国二十四年（1935）铅印本。

表，又是一位社会活动能力很强的人物，他在人际交往中展现出来独特的魅力和全方位的社交活动串联起了一大批吴中文化名人和文化活动，文彭因为随侍父亲的原因，自然也结交甚广。

正德十三年(1518)，文彭最早结识并交往的是与自己有亲戚关系的王榖祥；正德十五年，与父亲忘年之交的王宠共宿石湖治平寺读书；嘉靖六年(1527)，文氏父子四人与蔡羽、汤珍、钱贵、彭昉、陈淳因袁褒之请，赋诗作画为袁褒叔袁鼒贺寿；嘉靖七年，为王宠作中间人向袁褒借白银五十两；嘉靖七年，与文嘉、文伯仁、王宠、皇甫冲、皇甫汸赴南京乡试；嘉靖九年，文氏父子与蔡羽、钱贵、王宠、彭年等人做客袁表闻德斋；嘉靖十九年，文彭、文嘉兄弟及包括周天球、朱朗、钱榖、彭年、沈大谟、石岳、陆芝在内的诸多吴门名士在蔡叔品药草山房雅集；嘉靖二十六年，陆治、王守、王榖祥、彭年等集于文宅，题字作画；嘉靖二十九年，与父亲文徵明、弟文嘉、友周天球等并题张凤翼画作；嘉靖三十三年，文彭、陆师道、彭年作《冬游石湖记》，嘉靖三十四年，同好友周天球、陆师道等人题文彭所藏赵孟坚《墨兰图卷》。

文彭在吴中地区的交游活动，是以父亲文徵明的交友群落为基础，逐渐发展形成自己独立的社交圈的。早年，在吴中古文辞运动的活跃分子中，祝允明、唐寅、徐祯卿、文徵明被誉为“吴中四才子”，其后以文徵明为中心，又形成了与吴爟、吴奕、蔡羽、钱同爱、陈淳、汤珍、王守、王宠、张灵等组成的诗文社团“东庄十友”①；而王宠长期隐居石湖，以他为中心，形成了石湖这个吴中文人交游酬唱的中心地，一个松散的同好组织“石湖诗社”也就应运而生，文彭因随侍父亲，自然也与其中的文人雅士逐渐结交游玩。文彭在吴中地区的社会交往中，有几位重要的人物，这些人与文彭共同出现于诸多交游活动中，比较重要的有早年文彭、文嘉曾师事的汤珍；共同读书备考，多次赴应天府考试却屡试不中的王守、王宠兄弟；将自己女儿嫁于文彭的钱同爱；号“四杰”，为吴中诗家所重，文名远扬的长洲皇甫四兄弟冲、涍、汸、濂；早年追随父亲文徵明，后与文彭结交甚密的彭年、周天球、钱榖、朱朗、陆师道、袁尊尼等人；“吴中三张”，张凤翼与兄弟

① 朱彝尊：《邢参》，《静志居诗话》卷十一，人民文学出版社，1990年版，第308页。

燕翼、献翼三人。

纵观文彭在吴中地区的交游圈，主要分为亲友、父亲的世交、自己拓展结识的友人和艺文团体。所交之人师辈多为父亲的朋友，如祝枝山、汤珍等人，与彭年、王宠兄弟、陈淳等人则情在师友之间，其中尤与王宠的关系为密；而在后续的交流与社交活动中，陆续结识了长洲皇甫四兄弟冲、涍、汸、濂、陆师道等人。现将文彭在吴中地区重要的交游对象进行一一梳理。

文徵明门生中，彭年、朱朗、陆师道、钱穀、周天球、陆治、居节、王穉登等最为著名。这些人无形中很自然地集中在文彭周围，文彭也以师礼事之，或处于师友之间。

陈淳，字道复，明朝著名的写意花鸟画家。曾投于文徵明门下学画，但他并不拘泥于师法，而是另有创新，写意花鸟方面的造诣大有超越文徵明之势。陈淳中年以后，笔墨放纵，诗文书画均有明显个性，自立门户。

> 王敬美(王世贞)尝问衡山："道复从翁学书画耶？"衡山笑曰："吾乃道复举业师耳，渠书画自有门径，非吾徒也。"[①]

与传统的师生关系相比，陈淳与文徵明之间反而更像是友人，在《甫田集》里文徵明写给陈淳的一系列书信中不难看出这一点。这一点在文彭与陈淳的交往中，也得到延续，二人也发展成为亦师亦友的关系。文彭对陈淳推崇有加，甚至说："白阳笔法果高，恐老父亦当让之。"[②]其《江上有怀陈道复》诗中有"苦忆故人城市隔，一杯浊酒为谁开？"[③]句，他对陈淳不拘一格的艺术创作手法也称颂不已："陈白阳……尝为余作匹纸长卷，又尝于灯下以纸蘸墨作云山，此何异张旭以发作书哉？"[④]

彭年，字孔嘉，也是文徵明的门生之一，精于书法。文彭题"石湖春晓"于彭年所作《冬游石湖记》卷首。

---

① 李绍文：《皇明世说新语》，见周骏富辑《明代传记丛刊》第22册，明文书局，1991年版，第418页。

② 孙矿：《月峰画跋·陈道复书画》，收入潘运告编注《中国历代画论选》，湖南美术出版社，2007年版，第65—66页。

③ 文彭：《明文博士诗集》上，收入文肇祉编《文氏家藏诗集》，万历十六年(1588)刻本。

④ 文彭：《题陈淳仿米氏云山》，载《书画题跋记》卷八十七，《影印文渊阁四库全书》第1287册，上海古籍出版社，1989年版，第127页。

钱穀，字叔宝，号磬室，江苏苏州人。朱彝尊《列朝诗传》记："少孤贫，失学，迨壮始知读书。家无典籍，游文徵明门下，日取架上书读之，以其余功点染水墨，便学心通。山水爽朗可爱，兰竹兼妙，翩翩不名其师学，而自腾踔于艺苑名公间。手录古文金石书几万卷。善书，行法苏，篆法二李，小楷法虞、欧，每得其妙于法外，识者以为真有渴驥奔猊、漏痕折钗之势。然为画掩，世罕知者。"前面已经讲过，在京城候选期间，文彭多方奔走以求得到一个离家较近地方的官职。嘉靖三十六年初文彭写给好友钱穀的一封信中，表达了他在京城为了委派一事多方打听、上下疏通。

而文彭任职于北京国子监期间，因为文彭的地位和父亲的影响，也开展了大量的鉴定活动。在写给钱穀一封信中，他不无得意地向故乡挚友分享自己寓目的宋徽宗、赵孟頫等人真迹的经过与感慨，此札云：

> 久不得足下书，极深怀想，昨小儿书来，说五月廿九托寄一书，至今尚未见到，不知所托何人，便中幸写来知之。昨顾旸谷收得徽宗所画《赤栏鸂鶒》，甚奇甚奇！其绢高二尺二三，阔五尺，止于东南角作一赤栏，两鸂鶒栖于其上，其右写三四百字文一篇。其余若马和之《诗经》、马远二幅，虽皆精，不足为奇也。又曾见赵松雪画《甯戚扣角图》小幅，枯树淡墨，全学王维，惜索价太高，不可得也。其柳公权《金刚经》是摹碑中本，所有千文，传郑元佑题识，颇不佳。舍弟昨有书来说，严家诸物，但题跋多者俱不惬意，盖题识亦不足凭也。兹因人便，草草附此，殊不能尽。彭再行，叔宝老弟足下，乙丑十月二十日□左。[①]

周天球，字公瑕，随父迁居苏州吴县，从文徵明游，得承其书法，闻名吴中。周天球于1529年十六岁时便拜于文氏门下习书法，文徵明称赞他说："他日得吾笔者，周生也。"[②]尤擅大小篆、古隶、行楷，一时丰碑大碣，皆出其手。善画兰，写兰草法，自赵孟頫后失传，复于公瑕仅见，尤得郑思肖

---

① 《明吴下名人与钱叔宝尺牍墨迹》，陶梁《红豆树馆书画记》卷二，《续修四库全书》第1082册，上海古籍出版社，1995年版，第208页。

② 倪涛：《六艺之一录——历朝书谱》卷三百七十"周天球"条，《影印文渊阁四库全书》第837册，上海古籍出版社，1989年版，第832页。

法。间作花卉亦佳。自具风格,有出新之妙。文彭在周天球家中饮酒后题写在其棐几斋墙壁上的一首诗写道:“湘帘掩映竹色净,棐几拂拭云花生。莫道韶华去都尽,暂时晤赏惬幽情。”[①]表现了友人相聚,饮酒行乐时的欢悦心情。

王守、王宠兄弟。“棋局随幽涧,茱萸照酒樽。琵琶弹一曲,一听一消魂”[②],是文彭在同王守、王宠兄弟探访友人园林时的情景,也是他当时交游生活真情实态之写照。王宠(1494—1533),字履仁、履吉,号雅宜山人。诗、文、书、画皆精。书法初学蔡羽,后规范晋唐,楷书师虞世南、智永;行书学王献之,融会贯通。小楷尤清,简远空灵。常年隐居石湖,几乎与世隔绝,用心诗文书画,兼擅篆刻,放意山水,才高志远,于诸方面都取得了较高成就,与祝允明、文徵明并称于世,被誉为“吴门三家”。王宠是极有才气的书家,可惜一生仕途不佳,八次应试皆不第,仅以邑诸生被贡入南京国子监,成为一名太学生,世称“王贡士”“王太学”,享年仅四十岁。

“东庄十友”之一的钱同爱(1475—1549),字孔周,别号野亭,出身长洲医门。家境宽裕的他“长身玉立,被服鲜华而举止轩揭,人望而异之”[③],被文徵明誉为“孤鹤翩翩骨有仙”[④]。其《咏孔周》诗,是其风流挥洒之态度的写照:

围坐清谈麈尾长,墨痕狼藉练裙香。
水亭纨扇歌杨柳,春院琵琶醉海棠。
王谢风流才子弟,齐梁烟月锦篇章。
豪华岂是泥沙物,好在挥毫白玉堂。[⑤]

钱同爱博学好结纳,与唐寅、徐祯卿、文徵明、王宠、汤珍相友善。文徵明与钱同爱相知极深,可谓挚友,钱同爱的墓志铭亦是由文徵明撰写,文徵明在为其写的墓志铭中感其为人潇洒豪放之态曰:

---

① 文彭:《春来久雨初晴过周公瑕棐几斋醉后书壁》,《明文博士诗集》上,收入文肇祉编《文氏家藏诗集》,万历十六年(1588)刻本。

② 文彭:《九日同王履约履吉过吕氏竹园》,《明文博士诗集》上,收入文肇祉编《文氏家藏诗集》,万历十六年(1588)刻本。

③ 文徵明:《钱孔周墓志铭》,《文徵明集》卷三十三,上海古籍出版社,1987年版,第758页。

④ 文徵明:《秋夜不寐有怀钱二孔周》,《文徵明集》卷六,上海古籍出版社,1987年版,第138页。

⑤ 文徵明:《咏孔周》,《文徵明集》卷八,上海古籍出版社,1987年版,第172页。

吾友钱君孔周以高明踔绝之才，负辕轹奋迅之气，感慨激昂，以豪俊自命。雅性阔达，不任检柙，所与游皆一时高朗亢爽之士，而唐君伯虎、徐君昌国其最善者。视余拘检龌龊若所不屑，而意独亲。时余三人与君皆在庠序，故会晤为数，时日不见，辄奔走相觅，见辄文酒燕笑，评骘古今，或书所为文，相讨质以为乐。……家本温厚，室庐靓深，嘉木秀野，足以游适。肆陈图籍，时时招集奇胜满座中，酒壶列前，棋局傍临，握槊呼卢，凭陵翔掷，含醺赋诗，负轩而歌，邈然高寄，不知古人何如也。交游中有如斯人可复得耶？[①]

袁氏家族中具有代表性的人物是袁表、袁褧、袁褒、袁衮、袁袠、袁裘，以及袁衮的儿子袁尊尼。文徵明曾为当时文人经常集会之所、袁表的书屋——闻德斋，特地作画一幅。文彭与弟文嘉、王宠、蔡羽以及文徵明的侄子文伯仁等都经常到此聚会，他有一首小诗记录了自己与王宠及袁褒（与之）、袁衮（永之）兄弟小集时的情态：

二月集嘉宾，骀荡春光早。
白日堕游丝，黄鸟鸣声好。
玄言互剖析，至理穷探讨。
觥筹杂笑欢，高怀自倾倒。
落霞尚迟留，初月出杲杲。
虽无陈遵投，亦有魏公扫。
相期终南山，去拾金光草。[②]

结尾还表露了长期归隐之意，可谓乐在其中。

王稚登，字伯谷，号松坛道士，苏州长洲人。少有才名，长益骏发，名满吴会。嘉靖年间，两度游学京师，客大学士袁炜家。万历二十二年（1594），与陆弼、魏学礼等召修国史。后人称其为吴门派之后劲，也是吴门派末期的代表人物。

文彭还与名士皇甫汸和当时流寓吴中的丰坊有交往，文彭服满进京

---

① 文徵明：《钱孔周墓志铭》，《文徵明集》卷三十三，上海古籍出版社，1987年版，第758页。

② 文彭：《仲春履吉与之永之小集得草字》，《明文博士诗集》上，收入文肇祉编《文氏家藏诗集》，万历十六年（1588）刻本。

任职时，两人均有赠诗。皇甫汸诗中夸赞道："伏生犹未老，扬子最能文。帐已同南郡，书堪逼右军。还怜竹林后，见尔出鸡群。"[①]向有狂名的丰坊也对其叹服有加：

南国知名久，征书及此时。
文章传叔党，翰墨寄羲之。
去得青毡旧，归膺彩服宜。
相望烟水阔，何处柳丝丝。[②]

文彭在京时曾次韵好友黄姬水诗曰："寄我瑶华如见面，何时风月得平分？"[③]姬水为黄省曾之子，少侍徵明，书法独绝。

文嘉与张氏家族中张凤翼、张献翼、张燕翼的交往也是相当频繁的，尤其是张凤翼，除了平日间的拜访聚会之外，互赠诗文是最常见的，也是他们之间联系密切的最有力的证据。文彭所作的诸多作品，张凤翼都亲笔在画上题诗。诸如此类的例子数不胜数，文人之间通过笔墨来传情达意是最常见的方式。

文彭在苏州还有不少朋友属于消闲淡逸的隐士，如顾祖辰、卢文厚等。顾祖辰"老屋三间，破榻竹几，净无纤尘。庭前古松一株，苔痕满阶，景色幽茂，虽居阛阓，荆扉画掩，品香煮茗，间作小诗及画，画不必甚工，自然萧远，文寿承先生引为密友。"[④]

在六十多年的乡居生活里，文彭的几次比较重要的交游活动主要有以下几次：

嘉靖七年戊子(1528)八月，与弟文嘉、文伯仁，好友王宠、皇甫冲、皇甫汸、金用、陆芝等赴应天府(南京)参加秋闱，在南京与金陵文坛顾璘、许隚、段金等共十三人作碧峰宴集，与集会者一同作诗，文彭弟文伯仁为顾璘作《秋原游瞩诗意图》，文彭为其题卷首。

嘉靖十九年文彭、文嘉兄弟及诸多吴门名士在蔡叔品药草山房雅集。文嘉与钱穀、朱朗合作一图以纪此会，文嘉题曰：

---

① 皇甫汸：《送文司教北上》，《皇甫司勋集》卷二十二，《日本内阁文库藏明代稀书》第2476册。
② 丰坊：《送文寿承北上》，《万卷楼遗集》卷五，万历十五年(1587)刻本。
③ 文彭：《次韵答寄黄淳父》，《明文博士诗集》下，收入文肇祉编《文氏家藏诗集》，万历十六年(1588)刻本。
④ 朱谋垔：《画史会要》卷四，《影印文渊阁四库全书》第816册，上海古籍出版社，1989年版，第524页。

> 嘉靖庚子十月十九日，周公瑕过余斋中，适久晴得微雨，且昨辱蔡叔品邀为药草山房之会，遂与家兄寿承、朱君子朗冒雨同往。比至，雨霁月出。于是钱子叔宝、彭子孔加偕沈禹文亦至。诸公高兴逸发。见几上素卷，嘉与叔宝、子朗合作横轴，孔加忽吟二句：'画史争图药圃花，山人倒写岩间树。'八人者欲为之联句，不成，因各分韵赋诗。是日胡绍之期不至；石民望已先在座，补水仙石旁。陆紫芝将为之记，因书此先驱云。[①]

据此序和所留诗文来看，当时参与此盛会的，除了主人蔡叔品和文彭、文嘉兄弟外，还有周天球、朱朗、钱穀、彭年、沈大谟、石岳、陆芝，几乎都是文徵明的门生。

文彭在嘉靖二十年(1541)，与弟文嘉、次子文元发、王庭、彭年、谢时臣、许初、袁尊尼、袁梦鲤、陆师道、陆安道、钱穀、朱郎、周天球、张凤翼、张献翼等，为王穀祥六十诞辰祝寿。

嘉靖三十八年二月，父亲文徵明去世，文彭由嘉兴任丁忧回籍，在家守孝的三年期间，也开展了一定的社交和艺文活动。

嘉靖四十三年，文徵明下葬之时，吴中地区诸名公钜卿，均前往吊唁祭奠，并赠送财物种种，文彭与弟弟文嘉将此类种种，合辑录为《葬录》。

二、金陵交游圈活动

文彭在金陵的交游活动主要分为两个时期：一是自幼随父亲文徵明去金陵参加乡试直至后来自己参加乡试的这一段时光；二是被擢升为南京国子监博士，在南京任职的这一时期。

文彭的社交关系，因为父亲文徵明的交游关系而遍及全国，其中尤以金陵的规模最为庞大。可以说，金陵是文彭一生除吴中外最为重要的活动地点，这主要是因为他自幼即随父亲文徵明交游，得以结交了不少金陵的豪贤名士。又由于乡试的关系，从二十三岁到花甲之年，文彭几乎每隔三年就要到金陵去一次。正德十四年(1519)，随父亲文徵明赴南

---

① 《明文休承、钱叔宝、朱子朗合作药草山房图》，载陶梁《红豆树馆书画记》卷二，《续修四库全书》第1082册，上海古籍出版社，1995年版，第208页。

京时，结识了许隚及其子许穀；嘉靖七年(1528)，与文嘉、文伯仁、王宠，皇甫冲、皇甫汸赴南京乡试，与金陵顾璘、许隚、段金、杨尹志、白悦等分韵作诗；嘉靖十四年，在金陵顾璘别墅赏菊，蔡羽、徐霖、罗凤、许隚、陈沂、顾璘等赋诗作画。

隆庆二年戊辰(1568)，文彭在北京国子监学录的职位上三年任满，被擢升为南京国子监博士。《博士诗集》中并没有太多的诗文可以反映这一时期文彭在金陵的社交雅玩等活动。但不可否认的是，文彭与南都文人的交游圈中，"金陵三俊"是最为重要的群体，事实上文彭在这一时期与金陵文人的绝大多数交往，都是围绕着这一群体展开的。"金陵三俊"的成员包括王韦、顾璘和陈沂，这三位都是文徵明终生的好友。同时，围绕着"金陵三俊"与文彭密切来往的金陵文士，还有许隚、许穀等人，随着交往的日益密切，文彭在金陵的交游圈子交谊的内容也逐渐拓展，既有诗文酬唱，又有绘画、书法等艺术的交流。总之，文彭因为父亲文徵明在金陵的所建立的交游圈，同时凭借着独绝的文学艺术造诣和出色的社交才能，文彭在金陵的文人圈里颇受欢迎，成为吴中与金陵两地文化联系的重要纽带。

许隚(1469—1536)，字彦明，号摄泉居士，顾璘密友，性孝友直率，有山水书画之兴，隐居不仕，顾璘云："彦明许隐君耿介沉默，处富不盈，居贱不诎，人鲜与合，独与姑苏文徵仲、南都陈鲁南、王钦佩及余四人为密友。四人者亦爱隐君无他，乐为倾倒，时时赋咏相酬和，摅展情愫，不相较浅深工拙也。"文、许二家的交往，前文已有介绍，此不赘述。

除了许隚家外，南京顾璘(1476—1545)家中也曾是文彭经常光顾之地。《明史・文苑传》记载顾璘、陈沂、王韦同为"金陵三俊"，但顾璘实为吴中人。文徵明与顾璘于弘治八年(1495)的应天乡试相识。次年，顾璘进士及第，三年后授北直隶广平知县。正德四年(1509)升河南开封知府时，文徵明有《次韵答顾开封华玉见寄》一诗。后顾璘数度忤逆镇守太监廖堂、王宏，于正德八年谪广西全州知州，文徵明为作《送开封守顾君左迁全州叙》。在全州时，顾璘有《寄文徵仲》：

儒林挥笔掩群贤，湖海倾心二十年。

藻鉴尘埃无伯乐，规模乡国有颜渊。
黄花别泪临湖水，白雁乡书断楚天。
山馆穷愁欹枕日，拭君图画转凄然。

将文徵明比喻成颜渊，称赞其书法文章，文徵明亦有图画赠予顾璘。文氏、顾氏二人交情终身，文徵明从翰林待诏任上辞归吴门，嘉靖六年(1527)筑玉磬山房，顾璘和诗《寄题文徵仲玉磬山房》。嘉靖八年，时为浙江布政使的顾璘拜访文徵明，下榻停云馆。顾璘见于《明史・文苑传》，被视为文学之臣，南京文风从正德时稍起，顾璘于嘉靖十八年任南京刑部尚书，主盟词坛，被视为“明词中兴”代表人物，流风延及晚明。六年后，顾璘因闻子顾屿病逝，一病不起，逝于金陵，文徵明作《故资善大夫南京刑部尚书顾公墓志铭》以兹纪念。

顾璘为文徵明好友，早在嘉靖十四年(1535)九月，在南京顾璘别墅赏菊。蔡羽、徐霖、罗风、许隚、陈沂、顾璘等赋诗成卷，文彭题“菊宴”于卷首，王逢元绘菊石附卷末。(图十三)从文彭《博士诗集》中也能看出，顾璘每至苏州，陪同接待的人里也多有文彭。[①]

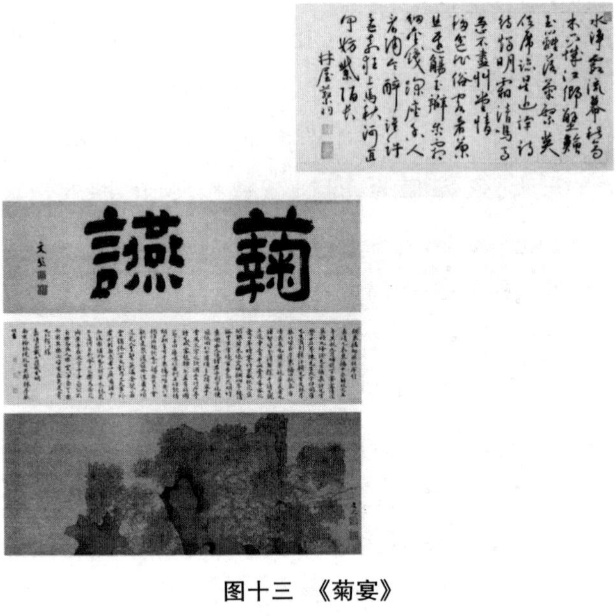

图十三 《菊宴》

① 文彭:《侍顾华玉丈上方玩月》，前揭文彭《博士诗集》卷上，收入文肇祉编《文氏家藏诗集》，万历十六年(1588)刻本。

而当文彭调任南京国子监时，顾璘已作古，文彭首先拜访的就是许隚之子许穀。许穀所作《喜文大寿承至》诗中，[①]我们可看出二人见面时的亲切感慨。

许隚子许穀(1504—1586)，子仲贻，号石城，嘉靖十四年(1535)赴京会试，得第一，文徵明与陈沂尝赋诗送行，后穀官至南京尚宝寺卿，致仕归后"盛年岩居三十年，不通一字于政府"，徵明曾寄诗曰：

问讯幽人白下踪，若为清世不相容。
几回对月思玄度，安得披云见士龙？
落日横塘折杨柳，秋风南浦梦芙蓉。
相思满目烟波远，吟到新诗手自封。

对其不遇的命运，颇为理解和同情。许穀因与徵明的关系，后来和文彭、文嘉等皆有深交。文彭在后来由南监调任北监，临行前，向许穀告别，许有诗相赠：

白下论交四十年，旧时青鬓各华颠。
天边结绶怜君晚，谷口扶犁让我先。
月夕偶成鸡黍会，秋江暂驻孝廉船。
荐雄此去多知己，谁道儒官老郑虔。[②]

在南京期间，文彭与南京书家也有着密切的关系。隆庆三年(1569)，文彭在南京得到了唐冯承素临本《乐毅论》，兴奋之余，接连题跋。

从《乐毅论》胡汝嘉跋中就可看出文彭与南京书家有着密切的交往。胡跋云：

山谷老人论书要字中有笔，此帖近之，然非有砚臼笔簏者不足以语此。隆庆己巳春日，从三桥寓斋携归谛观，因题其后归之。建业胡

---

① 朱孟震《玉笥诗谈》(南京图书馆藏清钞本)卷上云："予师许石城(许穀号)先生，家金陵，以尚宝卿致政。家居二十年，游情山水，文酒自娱。性喜客，客来命酒必醉，夜漏下五鼓，不辍也。"从侧面反映了许穀的好客。

② 前揭许穀《赠文寿承博学》，《许太常归田稿》卷七，据湖北省图书馆藏明万历十五年(1587)吴自新刻本影印《四库全书存目丛书》集部104册，齐鲁书社，1997年版，第179页。

汝嘉记事。[①]

胡汝嘉，字懋礼，江宁人，号秋宇，嘉靖癸丑进士，官编修，都给事中，著有《沁南稿》，隶书师钟元常，古雅中天趣溢发，草书师张伯英、崔子玉，尝取三人书之，得意之笔酷似祝允明，书为金陵名品。文、胡二人为棋友，经常在一起赏评书画古帖，交换藏品学习。

在南京国子监任职时，文彭还有两位极其重要的交游对象，一是授以六书之学的徒弟何震，二是庇留因愁杀人的苏宣，有关这两位的情况，会在后文中涉及文彭师承关系的时候，进行具体的讨论。

三、吴中周边地区交游圈活动

文彭在吴中周边地区的交游活动主要分为两个时期：一是年轻时随父亲文徵明学游时交往的诸多名贤；二是被授嘉兴府学训导，在嘉兴任职的这一时期。

文彭在入仕之前，因为父亲文徵明与无锡华氏、嘉兴项氏的交往颇深，经常去往周边开展社交活动，文彭自然也经常参与其中；而当文徵明晚年时，文彭同弟弟文嘉，更多地担负起与各界人士进行社交活动的任务，因此他们与苏州以及周边的无锡、嘉兴等地的收藏家多有来往。

文徵明一生居住在苏州，吴中以外履迹所及较频者除了南京便属无锡。无锡的诸多好友，多为世家大族子孙，饶于资产，亦好风雅，搜罗古玩字画，又与文人诗文唱和，鉴定雅玩，因而形成一种良性互补的依赖关系。此种关系一直延续到文彭这一辈，其中又以无锡华氏与文氏家族往来最为频繁，并有十分绵密深厚的关系网络。无锡华氏为当地大族，“维华氏远有世叙，自晋孝子宝以来，世居锡之惠山”[②]。明清时期尤盛，在文化艺术方面出了不少名人，无锡的华夏和华云，虽然没有直接的亲属关系，却都是十六世纪江南顶尖的收藏鉴赏大家，他们以巨富收揽文物字画，并约请当世书画界的名流与之结交。文彭曾写给华云的《送华从龙会

① 前揭郁逢庆《书画题跋记》卷三《唐冯承素临本乐毅论》，《影印文渊阁四库全书》第1287册，上海古籍出版社，1989年版，第636页。

② 文徵明：《有明华都事碑》，《文徵明集》补辑卷三十二，上海古籍出版社，1987年版，第1577页。

试》《华从龙邀游石湖不赴次韵》等诗作，标示着两人的交谊。并曾记述自己与华夏的交往曰："余每造其真赏斋，必焚香盥手，尽出以阅，终日忘倦，盖余与中甫忝为书画友，每一见必各出所得所见，辄相较量，自谓不在海岳仲永巨济之下。所谓'功名皆一戏，未觉负生平'者也。"

华云(1488—1560)，字从龙，号补庵居士，无锡人。少颖异，能诗文，曾师事邵宝、王守仁。嘉靖二十年(1541)进士，榷税九江。时严嵩用事，以刑部郎中乞休，是明代著名的书画收藏家。华云家饶于资，晚岁仿范文正公义庄事，捐田千亩以赡族，肖先世孝子像其中。筑真休园于宅旁，法书名画充牣其中，其家书斋名曰"绿筠窝"是祖传之名，永乐间王孟端曾为华云先祖绘《绿筠窝图卷》后失之于火。嘉靖十年，文徵明为华云补画此图。华云与文徵明的过从极其亲密，特别是在嘉靖九年以后，来往日益密切，而在两人生命的最后十年中，更可谓亲密无间。文徵明八十二岁高龄时，依然两度赴无锡访华云：一在二月，一在冬季，并留居华云家，登山、赏花、赋诗。第二年五月再赴无锡避暑，观赏华云的藏画。在历年的交往中，文徵明为华云所藏书画的题跋更是无数。华云的收藏也大多有赖文徵明为其鉴定，在与文徵明不断交往的过程中，华云自身的修养也在不断提高，鉴赏力日趋老道。文彭在文徵明年老及去世之后，也将与华云的交往一直延续了下去。

文氏在与无锡华氏的交游活动中，尤以与华夏的交往最深。华夏，字中甫，号东沙，无锡人，曾师王阳明，精擅金石书画，品鉴识力被推为江东巨眼。与沈周、文徵明、祝枝山等交谊甚深，尤与文徵明有世交之情。文徵明曾替华夏之父华钦撰书其父母、妻子的墓志铭，又曾通过其师沈周向华夏父亲华钦借观王羲之《姨母帖》《初月帖》，王献之《廿九日帖》。嘉靖二年(1523)和嘉靖二十二年，文彭受华夏委托，两次题其所藏《淳化阁帖》祖刻本六卷。文彭在其《华氏阁帖合璧诸跋》中曾这样写到："盖余与中甫忝为书画友。每一见必各出所得，所见辄相与较量，自谓不在海岳、仲永、巨济之下。"可见两人的情谊，是建立在共同的嗜好之上的。(图十四、图十五)

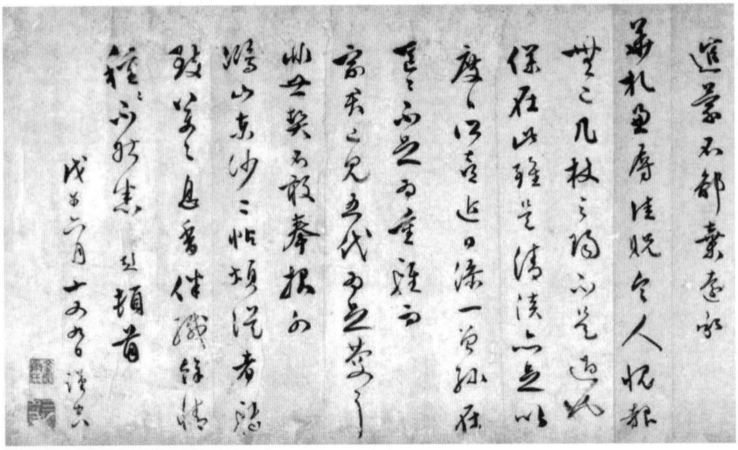

图十四　文彭致华夏信札(局部)

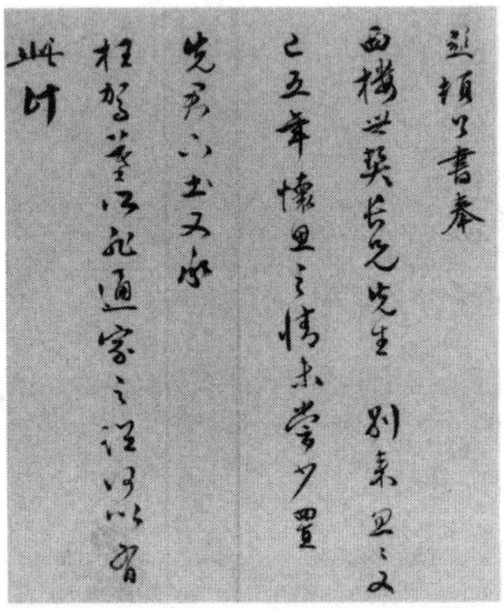

图十五　文彭行书致华世祯札(局部)

而与嘉兴项氏的交往,则在文彭出任嘉兴府学训导时最为频繁。项氏是嘉兴望族,家资富饶,广收法书名画,储藏之丰,甲于江南。嘉靖三十七年,文彭出任嘉兴府学训导,时年六十二,而嘉兴的巨富兼大收藏家项元汴三十四岁,两人在嘉兴多有交往。项元汴(1524—1590),字子京,号墨林,更有退密庵主人、香严居士、惠泉山樵、墨林嫩叟、鸳鸯湖长、漆园傲吏等别号,是明代著名鉴藏家,靠典当致富,而“好收金石遗文、图绘名迹,凡断帧只行,悉输其门。所与游皆风韵名流、翰墨时望,如文寿承、休承,陈淳父、彭孔嘉、丰道生辈,或把臂过从,或遗书问讯”①。文彭是著名书法

① 《项元汴》,《御定佩文斋书画谱》卷四十三,《影印文渊阁四库全书》第823册,上海古籍出版社,1989年版,第124页。

家，是晚明文人篆刻艺术的领袖人物，在书画鉴藏方面亦有卓见。因此，两人之间的交游更多的是建立在共同的嗜好——书画鉴赏上。文彭、文嘉兄弟是项氏天籁阁的常客，并参与对其浩如烟海的藏书、藏画的鉴别欣赏活动，钱曾《读书敏求记》载："墨林项氏每遇宋刻，即邀文氏二承鉴别之，故藏书皆精妙绝伦。"[①]"李成《茂林远岫》在项氏，倪元镇有跋，乃文寿承鉴定也。"[②]邓之诚《骨董琐记》卷四《天籁阁印》云："竹垞赠许容诗云：'往时长洲文博士，刻石颇有松雪风。墨林天籁阁书画，以别真伪钤始终。'然则墨林诸印皆国博笔矣。"[③]《式古堂书画汇考》载文彭与项元汴笔札十九通，其内容大多是为其鉴定及介绍书画的，又可见两人交往之大概。从信札还可发现，文彭不仅直接出售藏品给项氏，而且还为项氏介绍别人的藏品，充当买卖中介人。而项元汴也经常请文彭为其所藏题跋，主要目的是判断藏品的质量。同时，也正是因为文彭在当时享有盛名，经其辨别过的藏品，往往身价倍增。另外，董其昌所作《项元汴墓志铭》亦说项元汴"所与游皆风韵名流、翰墨时望，如文寿承、休承，陈淳父、彭孔嘉、丰道生辈……"[④]，首列便是文彭、文嘉兄弟。

从我们已知的文献中可以找到的文彭为项氏所作题跋有：

1. 嘉靖三十七年戊午（1558）九月二十三日，文彭跋项氏所藏《宋度宗手敕卷》；

2. 嘉靖三十八年己未（1559），文彭跋《怀素书老子清静经卷》，称此卷"笔法高古，其为真迹无疑"。卷上有项元汴印章一百余方，可证为项氏所藏，而文彭的题跋则是他为项元汴所作的鉴定。

现藏于旅顺博物馆的文彭致项元汴信札二十通，是文彭作为项元汴的鉴定顾问的明确证据。卞永誉《式古堂书画汇考》卷二十四中，也著录有一卷《文三桥与墨林十九札》，与旅顺藏卷相核对，大致可判断是同一卷东西，但在信札的通数上有所不同。文彭至项元汴的这批信札读来令人

---

① 钱曾：《读书敏求记》卷四《诗文评·"刘勰文心雕龙十卷"条》，书目文献出版社，1984年版，第148页。

② 《御定佩文斋书画谱》卷九十九，《影印文渊阁四库全书》第823册，上海古籍出版社，1989年版，第445页。

③ 邓之诚：《骨董琐记》"天籁阁印"条，中国书店，1991年版，第129页。

④ 《明董其昌墨迹两种》，上海人民美术出版社，1988年版，第97页。

兴奋，因其几乎篇篇皆关涉书画买卖的事情，是相当难得的第一手资料。信札的语言简练且口语化，因而生动地保存下了文彭与项元汴这对鉴赏家与藏家在当时的交往状况。真实、直白地反映出文彭在书画买卖中为项元汴推荐藏品、鉴定真伪，顾问藏品风格，并兼及价格的商讨等一系列的细节。在此试举几例以说明文、项之间的关系：

其一，旅顺卷第十六札云：

杭人有回者，得题目千万见示，朝来头疮复炽，不能走谒，家君近日所书千文付来一看，不尽，彭白事，墨林尊。

从此札中可以得知，信的写作时间是在文徵明在世时，可能项元汴在市场中购得了文徵明近时所书《千字文》，告知了文彭，并希望请其帮助鉴定，因为其时文徵明的伪作已是相当泛滥了。

其二，旅顺卷第五札云：

此吴中名画，旧传蓄之必有灾祸，已毁于火，而南濠《寓意录》云：已卖他方人，虽家君亦不曾见，区区止见临本而已，彭复。墨林尊兄。

这是为项元汴陈述作品流传本末。“南濠《寓意录》”即都穆所作《寓意编》，此书是直到清代才有刊印，所以当时是以手抄的形式在鉴藏家群体中流传的，由此亦可见此书的影响力。从“虽家君亦不曾见”一句的语气看，文徵明在文彭心目中的地位是极高的，特别是文徵明在书画鉴藏方面给予文彭的经验，是文彭极其引以为豪的财富。

其三，《式古堂》卷第二札云：

马远纸上者绝少，此幅若在绢上，当更见笔力，其人物似亦非张可观所能到。后“臣马远”三字写得甚好，若伪物不敢如此写也，且题识甚多而皆名人可爱。

这是为项元汴购得的马远画作鉴定，从中颇可见文彭的见地。他一方面对马远画用纸还是用绢的门道十分在行，另一方面，他对作伪者的心理也相当有把握。一般作伪者专会盯住某家最鲜明的风格炮制假画。而对于那些画家难得一见的率意之作，即自家固有面貌不明显，但却特别有真情实感的作品，作伪者往往不会有胆识涉猎，此札中所说的马远画一定是这类作品。所以文彭才有“后‘臣马远’三字写得甚好,若伪物不敢如此写也”的评价。

其四,旅顺卷第六札云:

> 二卷价虽高,而皆名笔,补之梅花尤吴中所慕者,收之不为过也,所谓自适其乐,何待人言,一笑一笑,白粲之惠,珍感珍感,彭顿首,墨林尊兄。

这一札涉及买画的价格问题,同时也反映出当时吴中人的审美好尚——喜欢杨补之的梅。看来是项元汴嫌画价高,不能定夺,而求助于文彭的。信中的“白粲之惠”表面看来只是朋友间的小小馈赠,但与其他信札中提到的“新枣之惠”“黄实之惠”“时鱼之惠”联系起来分析,便可看出这些礼物所具有的代替货币酬劳的功用。

同时,文彭同项元汴之兄项笃寿的关系也不错。项氏是江南巨族,项元汴之兄项笃寿(1521—1586),嘉靖四十一年(1562)进士,任南京考功郎中,后任兵部郎中,贬广东参议,以病辞官归里,他的万卷楼与其弟项元汴的天籁阁齐名,为江南著名的书画典籍收藏中心。文彭有《暮春嘉禾项子长园亭燕集》一诗,记录了他参加项笃寿园林宴会的情景。此诗大约作于其任职嘉兴训导时,这大概也是他与项氏兄弟往来最频繁的时期。

四、京师地区交游圈活动

文彭在京师地区的交游活动,主要分为三个时期:一是赴京应试前后及候补期间,直至得任嘉兴的这一段时间;二是嘉靖四十年,文彭服除,任职顺天府学训导期间,三是嘉靖四十四年,被擢升为北京国子监学录后的这一时期。北京期间,文彭与官场同仁及艺苑同好多有交游。下文将从官场同仁与艺苑好友两个类型,对文彭在京师地区的交友圈活动进行梳理。

在与官场同仁的交游活动方面,文彭自赴京参加廷试时,就已经有所开展。文彭所著《博士集》中,有《徐李二相公枉驾见过失迓以诗谢之》《严相公招饮西城寓直》《邢太史夜坐以杂花插瓶作供》《邢太史田锦衣集神乐观》《再承李阁老见过》《至日雪晴谒徐相公蒙以内赐珍珠红酒留酌赋此谢之》等作品，这皆是文彭在京应试前后及候补期间，与诸多大员进行接触的有力佐证。

这里可以知晓的三位大员分别是：严嵩、李本、徐阶。在京期间，文彭与权相严嵩[①]有所交往。前面提到在廷试时，身居宰辅之首的严嵩就曾设宴招待过他。李日华《味水轩日记》中有其所作《蒙介老以内赐攒盒分惠》诗。因严氏晚年声名狼藉，所以严、文之交当时可能即有所议论。严嵩将御赐攒盒分贻文彭，按李日华的说法是严氏"好贤下士"，针对当时的议论，颇有为之不平之意，称"岂寿承偶未之检耶"，并叹道："籍令当时捃摭者得之，又作一重罗网矣。"[②]其实严、文之交当另有原因，一是出于严嵩对文氏父子的礼敬；一是严氏亦好收藏书画，文彭可能曾经为之鉴定甚至介绍。虽然仅是揣测，但文嘉《钤山堂书画记》中记载，严氏曾藏文徵明书画二十余件，及其他吴中名家书画若干，大约可以旁证笔者的推断。

嘉靖三十七年(1558)文彭得任嘉兴离京时，阁老徐阶有赠诗《送司训文三桥赴嘉兴》曰：

嘉禾地接阖闾城，来往风帆一日程。
几杖高堂常在望，文章邻郡久知名。
谈经士服传家学，请外人怜陟岵情。
遥识兹行能自适，广文何必羡公卿。[③]

文彭则答诗《出京承徐相公赠诗次韵酬谢》：

五云楼阁九重城，瞻望何殊万里程。
调化共知歌盛德，好贤端不为修名。
平生雅度真难值，此日新诗更有情。
潦倒穷途甘弃掷，独惭虚誉动公卿。[④]

---

① 严嵩(1480—1567)，字惟中，号介溪。江西分宜人。明弘治十八年(1505)进士，嘉靖时累官太子太师，位居首辅，把持朝政近二十年。后为邹应龙等所劾，勒令致仕。工诗古文辞。著有《钤山堂集》。

② 李日华：《味水轩日记》卷七，民国吴兴刘氏嘉业堂本。

③ 徐阶：《送司训文三桥赴嘉兴》，载《御选明诗》卷八十一，《影印文渊阁四库全书》第447册，上海古籍出版社，1989年版，第127页。

④ 文彭：《出京承徐相公赠诗次韵酬谢》，《明文博士诗集》下，收入文肇祉编《文氏家藏诗集》，万历十六年(1588)刻本。

他于京中官员的雅集盛会，多有所参与：“棋局往来随胜负，投壶还激磬交欢。”[①]文彭虽然做的只是从九品的教官，但由于他在书画篆刻方面的高深造诣和杰出成就，又携其父文徵明的盛誉，在京师时“三公而下，无不倒屣迎之”[②]。

文彭在京好友中有不少文艺名家，他们多是父亲的生前友好，文彭以通家子弟与他们进行了广泛的交往，其中比较有代表性的有上海的顾氏家族，以黎民表、欧大任为代表的广东籍书画家在京群体，包括王世贞、徐中行、吴国伦、宗臣在内的“后七子”等。

顾氏家族是文彭在北京较早结识的艺术圈好友，这也得益于父亲文徵明同顾氏家族的交往。顾氏家族中曾任御医的顾定芳，最大的成就是编纂了《集古印谱》（图十六）。而《集古印谱》的编撰，汇集了全家族三代的精力与心血。从黄姬水和沈明臣所作的《集古印谱》序中，不难发现，这一著作其实是顾定芳[③]及其子顾从礼、顾从德、顾从义兄弟以及顾从礼的次子顾天锡祖孙三代极搜穷购而成。沈明臣序云：

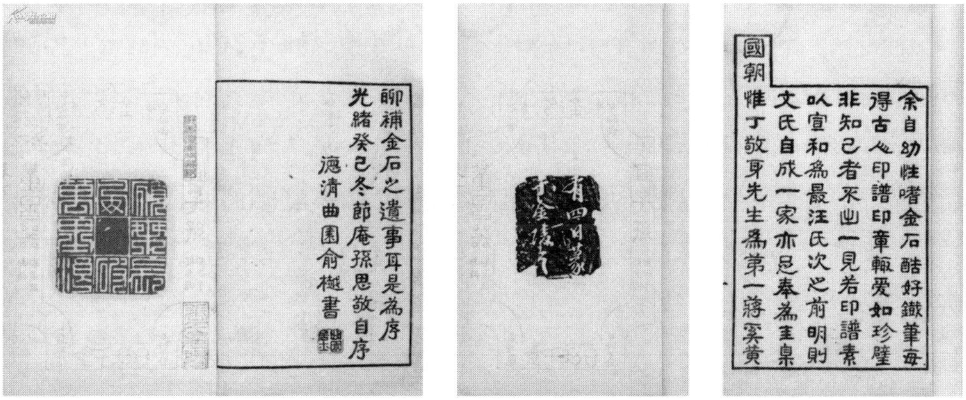

图十六　清孙思敬辑淑芳书屋《集古印谱》四卷（局部）

上海顾氏称世家，三世以博雅传，自御医公世安世搜购始，及光禄君汝由、鸿胪君汝修、大理君汝和、光禄子天锡，历祖孙、父子、兄弟

---

① 文彭：《宴董学士新堂》，《明文博士诗集》上，收入文肇祉编《文氏家藏诗集》，万历十六（1588）年刻本。

② 陆师道：《□用与磬室札》，载《式古堂书画汇考》卷二十七，上海古籍出版社，1991年版，第572页。

③ 顾定芳，字世安，别字晋亨，上海人。博综典籍，尤精于医，以夏文愍荐授太医院御医。

绵远，而搜购远近不遗余力。[1]

顾氏兄弟共有五人[2]，顾从礼、顾从德均雅好金石，尤以顾从义于书画金石用功最深，著有《法帖释文考异》十卷，王穉登为其所作序中云："上海顾氏自御医公以来，世以博物好古相授受，江东推为文献之族，迨及廷尉汝和尤钟情金石。"明人陈所蕴称：

> 先生生而端重，聪明绝人，读书过目辄成诵，顾不喜博士家训、诂语，喜战国先秦诸书，晋、魏开元以前诸大家词赋及古李斯、程邈篆籀文，日坐乌皮几，伏读而摹画之。[3]

顾从礼（1510—1583），字汝由，嘉靖三十八年（1559）进士，曾官中书舍人、光禄少卿。顾从义（1523—1588），字汝和，号研山，嘉靖二十九年以善书授中书舍人，值文华殿，擢大理评事。性好金石，尝得米元章研山而宝之，遂以为号。顾从敬（生卒年不详），字汝所，自号武陵逸史，曾任光禄寺监事，嘉靖二十九年曾刻印宋何士信辑《类编草堂诗余》四卷，在词史上有较大影响。文、顾两家为世交，文徵明曾有《寄顾汝和》诗，而顾氏世藏《淳化阁帖》，曾交由文氏父子摹勒上石。从文彭《博士诗集》中的《四月七日顾汝和明日四十诵杜诗马上足成之》与《连日奔走尘冗怀抱欠佳偶过顾舍人汝由研山斋见其窗明几净折松枝梅花作供凿玉河水烹茗啜之又新得凫鼎奇古目所未见灸内府龙涎香恍然如在世外不复知有京华尘土赋此纪兴》二诗中也可看出文彭在北京期间与顾氏兄弟多有交游，其一记录了一次在顾从礼宅的优雅会晤：

偶入高人室，恍然尘梦醒。
香生金鸭火，茶剖玉河冰。
檐际鸣幽鸟，窗间出冻蝇。

---

① 沈明臣：《集古印谱序》，见载于韩天衡《历代印学论文选》，西泠印社，1999年版，第429页。

② 王世贞：《明故奉政大夫光禄寺少卿直文渊阁制敕兼翰林院典籍事赐四品服色小川顾公墓志铭》，《弇州四部稿》卷八十六，《影印文渊阁四库全书》第1279册，上海古籍出版社，1989年版，第352页。

③ 陈所蕴：《明文林郎大理寺左寺左评事研山顾先生墓志铭》，黄宗羲编《明文海》卷四百六十六，《影印文渊阁四库全书》第1458册，上海古籍出版社，1989年版，第240页。

春光遽如许，万虑一时增。①

文彭与顾氏兄弟在书画金石艺术方面多有交流切磋，嘉靖四十年(1561)文彭在京候补期间，曾为顾从义作《顾氏园林册》②，次年再为其所藏张旭书《兰馨帖》精摹一遍以便上石，并作题跋：

古人名迹，愈阅愈佳，仆性喜草书，每一展，必有所得，益知古人不易到也。汝和将以入石，命摹一过。老眼眵昏，殊不能得其仿佛。若风神庶几不至悬绝耳。壬戌正月廿六日，文彭记。③

文徵明曾在嘉靖三十五年丙辰，为顾从义所藏的《兰馨帖》题识，鉴定为唐张旭真迹，据李日华所记，在文徵明的题跋之后，除去文彭在嘉靖四十一年的题跋，实际上还有二跋：

第一段跋写于嘉靖四十年辛酉正月立春日：

右张长史纹绫上所书《兰馨帖》二十字，其为真迹无疑，盖草书不入晋人格，辙终成下品，颠、素之所以得名者在此，今观其"夺"字、"气"字、"佳"字、"足下"字、"人"字，皆从晋人中来，余阅书多矣，未有如此卷之佳者，世人重耳轻目，不可语此。昔素师绿绢两行，因元章所题而重，他日必有以余言为是也者，漫书以记。④

第二段跋大概写于嘉靖四十一年(1562)壬戌岁末：

余自信所记，因书卷末，而汝和不知也。岁暮会于京邸，偶谈及，展卷大笑，因复与汝和辩论，以见前言之不诬。故再书此，以记岁月云。⑤

尽管还没有文彭与顾氏兄弟中顾从德交往的第一手资料，但我们从

---

① 文彭《明文博士诗集》下《连日奔走尘冗怀抱欠佳偶过顾舍人汝由研山斋见其窗明几净折松枝梅花作供凿玉河冰烹茗啜之又新得凫鼎奇古目所未见炙内府龙涎香恍然如在世外不复知有京华尘土赋此纪兴》，收入文肇祉编《文氏家藏诗集》，万历十六年(1588)刻本。

② 《玉雨堂书画记》卷二，转引自张慧剑《明清江苏文人年表》，上海古籍出版社，1986年版，第264页。

③ 李日华：《六砚斋二笔》卷一，《影印文渊阁四库全书》第867册，上海古籍出版社，1989年版，第584页。

④ 李日华：《六砚斋二笔》卷一，《影印文渊阁四库全书》第867册，上海古籍出版社，1989年版，第584页。

⑤ 同上。

欧大任《旅燕稿》中《送顾汝修归上海兼寄朱邦宪》[①]一诗可知，顾从德此间亦常活动于北京，顾氏一门均雅好印章，试想一下文彭与他的另外两胞弟均有交谊，又以篆刻知名，二人间熟悉往来应该是合乎常理之事。

与“后七子”的交游，同样是文彭在京活动的重要组成部分。文彭与当时在文坛享有盛名的“后七子”中的王世贞、李攀龙、徐中行、梁有誉、吴国伦、宗臣六人均有诗文来往，而从现有材料中未见其和谢榛有交往。其《读白雪楼诗却寄李于鳞》诗，前有小序：

> 余与徐子与、王元美见所谓五子诗者，既而，游京师见宗子相，虽不久，亦蒙知爱。兰汀已矣，惟不得见于鳞，偶读《白雪楼集》，怅然有怀，赋此寄之。

可知文彭与徐中行、王世贞早年相识，进京后又与七子其他成员结交，且此时，与宗臣相交不久，但颇见知爱。此句中的兰汀是指“后七子”中的梁有誉，因他著有《兰汀存稿》，故称之。文彭在《读白雪楼诗却寄李于鳞》中表达了对七子领袖李攀龙的仰慕：“何处仙人白雪楼，山东李白最风流……江湖潦倒空相忆，何日相逢解我愁？”而从诗中“江湖潦倒空相忆，何日相逢解我愁”句亦可知，文彭与“后七子”中的领军人物李攀龙早已相识。诗人在诗中寄寓的不仅仅是怀思友人，更是对友人才华的推崇和敬佩。

“后七子”在嘉靖末至万历初的文坛影响较大。其中王世贞、李攀龙、徐中行、宗臣和谢榛又有“五子”之称，文彭与“五子”中的王、徐、宗有交。文彭所作《喜徐太守子与至席上得阳字》《上巳韦园送徐子与得松字》《徐子与席上分韵》等诗，是与“后七子”中徐中行的酬唱；徐中行《天目山人集》中亦有《同袁鲁望文寿承集顾汝和雪舫得凉字》《夏日同鲁望桢伯汝伯和汝所道桢集义寿承斋得凉字》诸诗。同时，文彭集中亦有其与“后七子”另一成员吴国伦交往的文字见证。从他所作《冒雪访吴侍御时巡警方归寓善果寺》《送吴侍御出守太平》《廿三日同黎惟敬姚元白许殿卿沈懋学鸥桢伯嘉弟集吴侍御明卿宅得竿字》等诗可以看出，他与吴国伦的过从亦颇

---

① 欧大任：《欧虞部集·旅燕稿》卷二，《四库禁毁书丛刊》集部第47册，北京出版社，2000年版，第34页。

密。且在诗篇之中，文彭将吴国伦称为“故人”，当是有一定的交情。而王世贞在其《弇州山人四部稿》中作“悲七子篇”，曾这样写到：“而六人者次第逝，并寿承（文彭）七矣。夫七人者皆风雅士也，后先与余游好。乃不半岁而尽失之，能令后死者无戚戚也。”[①]由上记载，亦可见，文彭同王世贞亦曾交好。

文彭与广东书画家在京群体的交游也十分频繁。广东从化人黎民表，字惟敬，号罗浮山樵、瑶石山人，嘉靖十三年（1534）举人，授翰林院孔目，迁吏部司务，有诗名，为“南园后五子”之一，擅长书法。黎早年间曾师从文徵明学习隶书，后以隶书知名北京，徽州印人方用彬曾通过同乡汪道昆的介绍，随其学习书法。从其集中《同文寿承李伯承郭次父梁思伯集冯大参汝言官舍》《秋日集文寿承诸子得寒字》《秋日过吴侍御约卿同文寿承许殿卿集》及文彭《简黎惟敬直阁兼怀梁柱臣中翰》《人日集顾氏桃花馆同集者黎惟敬休承弟顾汝和诸昆季也》诸诗，可知他在北京时与文彭多有宴集交流，民表誉文彭为“饮中草圣”[②]，并赠以“广文不道官如水，彩笔分行夺锦霞”[③]之句相慰。从黎民表《瑶石山人稿》之《佛日过顾汝和观柳公权书兰亭禊帖同许元复文寿承姚元白集》以及《岁暮和文寿承》等诗中可以看出，文彭与顾氏兄弟和黎民表等人经常在一起谈论艺事，诸人间私交甚好。

另一位是欧大任（1516—1596），字桢伯，广东顺德人，年四十七始获选优贡。授江都训导，后进京参加纂修《世宗实录》，历升光州学正、国子监助教、大理寺评事，后官至南京工部郎中。与梁有誉、黎民表、李时行、吴旦为“南园后五子”，著有《欧虞部集》。欧早年曾至苏州，在文徵明身边获侍笔研，与文彭应早已相识。嘉靖四十三年（1564），文彭在北京，曾以文徵明所作草书贻欧大任，次年，文彭任北京国子监学录，利用职务之便，以国子监所藏石鼓，拓赠欧大任[④]，欧大任《书石鼓文后》云：

---

① 王世贞：《弇州山人四部稿》卷十五，《明代论著丛刊》，伟文图书出版社，1976年版，第1138页。

② 黎民表：《同文寿承李伯承郭次甫吴约卿夜集思伯馆得阳字》，《瑶石山人稿》卷十一，《影印文渊阁四库全书》第1277册，上海古籍出版社，1989年版，第132页。

③ 黎民表：《岁暮和文寿承》，《瑶石山人稿》卷十一，《影印文渊阁四库全书》第1277册，上海古籍出版社，1989年版，第134页。

④ 欧大任：《跋文太史草章》《书石鼓文后》，《欧虞部文集》卷十九，《四库禁毁书丛刊》，集部47册，北京出版社，2000年版，第238、243页。

先考修职府君有《石鼓帖》，得于张尚书泰者，是国初物。家遭回禄，此帖不存，嘉靖末，余入都，始见石鼓。博士寿承拓以见遗，纸墨颇精，然视昔年被烬者，远不及。[①]

在诗文酬唱方面，欧大任《旅燕稿》亦有《伏日同文寿承徐子与顾汝和饮袁鲁望斋中听讴者杨清歌时子与已补长芦矣因题此句》《伏日同徐子与顾汝和袁鲁望沈道桢顾汝所集文寿承斋中得家字》，文彭有《廿三日同黎惟敬姚元白许殿卿沈懋学欧桢伯嘉弟集吴侍御明卿宅得竿字》等诗可为二人交往的佐证。

黎、欧之作，可与文彭及徐中行的诗相互印证。其中提到的，还有姚淛（元白）、许邦才（殿卿）、沈仕（懋学）、梁柱臣、许初（元复）、李先芳（伯承）、郭第（次甫）、吴约卿等人，他们大多是在京为官的，或游于京师的"山人"，又多以文学书画著名于时。当时在京的上海文人顾从礼、顾从义兄弟，与文彭来往也较为密切，集有《玉河桥见白燕和顾舍人汝和》《四月七日顾汝和明日四十诵杜诗马上足成之》《过顾舍人汝由研山斋》等诗。公事之余，文彭与黎民表、欧大任、梁孜、顾从义等经常在一起作诗酒文会，切磋诗文，观赏书画，黎民表曾作《佛日过顾汝和观柳公权兰亭禊帖同许元复文寿承姚元白集》诗。

同为顺德人的梁柱臣，字彦国，嘉靖二十五年（1546）举人，时官刑部员外，工书，尤善篆体，文彭有《岁暮承欧桢伯梁柱臣过有诗见赠因各次韵》《简黎惟敬直阁兼怀梁柱臣中翰》等诗记录两人友谊。

广东番禺人梁孜，字思伯，别号罗浮山人，大学士梁储孙，官礼部主事，能诗善书，其"楷书得文徵仲结法"，文彭有《黎内翰惟敬梁中翰思伯携酒见过》《寒夜梁思伯小酌》等诗记录两人交往，后诗曰："最喜晤言消永夜，独怜白发照清樽。"[②]梁思伯是晚明山水画家，且曾从游于文徵明门下；同时，他又和王世贞、黎民表、殴大任等人相友善。大概正是基于上述两个因素，他和文彭之间才有了较多的来往。而从上述诗中，亦可以想见这些文人雅士之间的交往方式，燕集谈论，当是其最常见的聚游形式。

---

① 欧大任：《欧虞部文集》卷十九，《四库禁毁书丛刊》集部第47册，北京出版社，2000年版，第243页。

② 文彭：《明文博士诗集》下，收入文肇祉编《文氏家藏诗集》，万历十六年（1588）刻本。

宝应人朱曰藩与文彭在京也多有交流，曰藩字子价，朱应登子，举嘉靖二十三年进士，任乌程令，终九江知府，“常闭户读书，素工笔札，门外持缣素求词翰者缅缅不绝”。文彭在京有《送朱子价》诗，还在归乡途中看望过他，留下《夜宴朱子价园池》一诗。

浙江鄞县人薛晨，字子熙，诸生，曾过吴与文徵明论书法，文徵明称其为“浙中一名手”[①]，并应其请为其父作墓志铭。薛晨入京时曾拜访文彭，后者有诗相赠曰：“喜得持杯论故旧，不妨倒屣下公卿。”[②]

第四节　文彭的师承关系

文彭之所以可以取得如此丰富的艺术成就，并对当时多重艺术领域产生如此重大的影响，除了自身的不断努力和对各类艺术形式的辛勤实践外，师辈的教授与指导，也对文彭产生了深远的影响；同时文彭在艺术方面的卓越成就，也影响了当时艺坛诸多后辈。

一、文彭的师辈

无论是四书五经儒学应试之学，还是诗、书、画、印、鉴等艺文技能，文彭都有一个共同的老师——父亲文徵明。文徵明自身所具备的诗文、书画、印章、历史、掌故等全面的知识结构，既促成其成为书画鉴定巨眼，也成为影响儿子文彭方方面面的重要因素。王世贞在《文先生传》中云：“吴中人于诗述徐祯卿，书述祝允明，画则唐寅伯虎，彼自以专技精诣哉，文先生盖兼之。”

① 文徵明：《跋薛子熙草书千字文》，《文徵明集》补辑卷二十四，上海古籍出版社，1987年版，第1382页。

② 文彭：《薛子熙以修史至青州登东山入京将归四明》，《明文博士诗集》下，收入文肇祉编《文氏家藏诗集》，万历十六年(1588)刻本。

图十七　民国二十五年文明书局石印本《文衡山自书诗稿(附文寿承小楷)》

在诗文方面,文徵明很早便显露才华。青年时,与唐寅、祝允明、徐祯卿并称“吴中四才子”。(图十七)出色的诗文功底,不仅使他在释读文献、了解历史掌故与书画史论上胜于旁人,更使他自己的诗文、题跋阐述问题清晰透彻,且富文采。文彭在这一点上,无疑是继承了父亲的,在《文博士集》中的各类诗文,在各类书画作品中的题跋,都是有力佐证。

在书法方面,文徵明兼善各体,正、行、草、隶、篆样样精通,这可能是缘于文徵明对赵孟頫的崇拜,进而模仿。文嘉在《先君行略》中说:“公(文徵明)平生雅慕元赵文敏公,每事多师之。”何良俊说道:“乃知自赵集贤后,集书家之大成者衡山也。”在绘画方面,文徵明更是山水、人物、花鸟、鞍马诸题材兼善,山水尤精,并且水墨、青绿皆画得出色。而文徵明在诗书画印全方位的造诣,也是必定对文彭有所启发的。文彭在晚年漫长的仕途生涯中,创作了大量的书画作品,据不完全统计,传世或著录文彭进京廷试、授官入仕后所作的书画,现今可知的,多达四十七件。

在印章方面,周应愿《印说》有谓:“至文待诏父子始辟印源,文运开于李北地(指李梦阳),印学开于文茂苑(指文徵明)。”对印学的研究更使得文徵明在辨识印章方面有极高的眼力。文彭早年侍父,又跟随父亲交游,这为文彭在篆刻艺术方面取得的成就及贡献奠定了良好基础。

在历史与掌故方面,文徵明的修养充分体现在了他的书画题跋中,对于史料的深入挖掘与考辨,及对于吴中先贤经历的梳理,这两点十分有助于他了解藏品的流传疏其本末，使得文徵明在鉴定古代各个时期、各种风格的作品时都能给出精准到位的判断。文彭在父亲年老及去世后，可以继承父亲的衣钵，也应该得益于父亲对于其鉴赏能力的培养与训练。

除去父亲文徵明，针对自己各项艺文技能与应试之学，文彭也曾拜学于诸多老师。儒家应试之学是文彭走上仕途所必需掌握的，自科举始，业儒便为文人士子所推崇，文家自不例外。文氏家族成员不独习儒家之经典，更习儒家所倡之道德伦理，且克守之。文氏一门中，以儒学经典名世者常有，如文洪精于易学，并在里中讲授易学，从之学者颇多，以之名家者亦颇多。受其影响，其二子文林、文森亦善易学。再如文彭之孙文震孟善《春秋》，并以之进讲，为崇祯帝授《春秋》，为时之真讲官等。以儒家之伦理道德立世，更成为其家族文化的显著特征，其首要之人，便是文徵明。文徵明是一个以儒学修身，并倾一生之努力践行的真正的儒者，正德三年戊辰年(1508)，在文彭十二岁时，文徵明邀请余姚钱德孚设私塾于文家，教授文彭、文嘉两兄弟，文徵明对儿子的关心也超乎寻常，为二子选择的蒙师钱尚仁，不仅学问通达，还擅长装帖字画。[①]在钱尚仁艺文兼授，悉心指导的六年中，文彭自然是进步飞快，这也难怪文彭在县试中名列高等。

而在文彭年轻时，由父亲指派，曾馆授于丹阳孙志新，亦曾拜于汤珍门下。孙沐，字志新，号曲水，丹阳人，八岁举神童，弱冠补国学生，以母嫠居，孝养三十年，隐居不仕，一时名士皆高其行，而乐与交。《光绪丹阳县志》卷二十七《孝友》有传：生平雅好书画，曾请文彭之弟文嘉为其摹刻《大观太清楼帖》，著有《迪功集》。汤珍，字子重，长洲人，为郡诸生，博综群籍，以岁贡授崇德县丞，迁唐王府奉祀，不赴。以贡生入太学，与文徵明、蔡羽、王宠等人友善，文彭、文嘉俱师事焉。

诗文方面，在文彭早年随父游历的过程中，经常要参加各类艺苑雅集，而其中对其影响最大者当属“东庄十友”。朱彝尊云：“明初高侍郎季迪有‘北郭十友’，丽文亦有‘东庄十友’：吴爟次明、文徵明徵仲、吴奕嗣业、蔡羽九逵、钱同爱孔周、陈淳道复、汤珍子重、王守履约、王宠履仁、张

---

① 王稚登《跋澄清堂帖》：“德夫姚江人，最善装帖。”转引自周道振、张月尊《文徵明年谱》卷三，百家出版社，1998年版，第187页。

灵梦晋。”故其诗云：“昔贵重北郭，吾辈重东庄；胥会语难得，同盟讵敢忘。”“东庄十友”为邢参的十个诗友。包括邢参在内，共十一人。东庄为地名，是指吴宽的林园；吴奕为吴宽的侄子。而以东庄来命名这个文学团体，说明这十人与东庄关系密切，其最初凝聚力来源于吴宽。吴宽“成、弘间以文章德行，负天下之望者三十年”。“东庄十友”的活动地点包括东庄以及石湖、东禅寺、治平寺等地。“东庄十友”持续的时间从成化末、弘治初一直到嘉靖癸未（1523）年间，前后约三十年，这也正是文彭年轻时跟随父亲参加艺苑雅集，最为频繁的一个时期。而在文彭所创作的诗文题材和内容上，也都趋同于“东庄十友”的题材与内容。遍览《文氏五家集》中文彭的诗歌，发现他诗歌的题材走向与“东庄十友”的诗趋同，甚至更显狭窄，基本全是题咏书画、描摹山水、感时抒怀、思亲怀友、次韵联句诗等，几乎很少跳出这样的题材范围。从诗歌题材的趋向、雅饬的风格、气格的柔靡来看，文彭诗与文徵明诗歌是相通的。

书画方面，文彭继承家学，善工书画。绘画上，《无声诗史》记载其画有《桐阴避暑图》，“结构颇类衡山，乃知家学渊源，点染有自矣”。文彭曾仿学吴镇，《画史会要》记载“彭画苍郁似梅道人”。文彭的画作有《兰竹图》卷（1572年作，图录于《晋唐五代宋元明清书画集》）、《兰花图》轴（现藏故宫博物院）、《墨竹图》轴（1562年作）等。文彭“写墨竹，老笔纵横，直入湖州之室”。文彭画竹，既承家学，又潜心研究，代表作《墨竹图》清雅静寂，颇有诗韵。但相比之下，文彭的亲兄弟文嘉在绘画方面要比他的影响力更大，绘画艺术风格多样，表现方式也更为丰富。而文彭在书画方面拜学的师辈在文献中并未提及，这一点还有待于进一步的文献挖掘和资料研究。

文彭尤精于书，五体皆能，而且尤以草书成就最高，并推崇晋人格调，认为“盖草书不入晋人格，辙终成下品”[①]。王世贞《三吴楷法跋》称其“少承家学，善真行草书，尤工草隶，咄咄逼其父”。《詹氏小辨》则称其：“篆分真行草并佳。体体有法，并自成家。不蹈父迹，才似胜之，工力远不及

---

① 李日华撰：《六研斋笔记》卷一，文彭《跋张长史草书兰馨帖》，《影印文渊阁四库全书》第867册，上海古籍出版社，1989年版，第584页。

父。”在许穀为文彭所撰的墓志有云：“字学钟王，后效怀素，晚年全学孙过庭，而尤精篆、隶。”这在文彭创作的诸多书法作品中，都可以得到印证。如《草书文徵明诗二首》，飘逸流畅，纵意恣情，行笔疾速，一气呵成，极具怀素《自叙帖》之意，草法使用与章法布局皆取法怀素。除师法古人，文彭的书法，尤其是草书，还得益于祝允明甚多，文彭曾从学于祝允明。詹景凤《詹氏小辨》有载：“寿承英英，几参祝步。”文彭对祝允明推崇备至，在其所跋《祝枝山书东坡记游卷》中云：“我朝善书者，不可胜数，而人各一家，家各一意。惟祝京兆为集众长。盖其少时于书无所不学，学亦无所不精。”

鉴藏方面，在常年跟随父亲文徵明开展各类鉴定活动的同时，文彭也必定受到父亲同辈老师的教导与影响。嘉靖己丑（1529），文徵明六十岁时在为其好友沈津所藏《宋徽宗画王济观马图》作题跋时，记载了同时期苏州地区鉴藏群体的主要人物和活动情况，文中已不涉沈周、吴宽、李应祯、朱存理等前辈，也不涉与其同时代交往密切的其他好友，因此这一名单，很有可能是文徵明青年时期最为知交的书画鉴藏家，其中不乏与文彭长期交游的父亲好友祝允明、都穆、蔡羽、张灵、顾璘等人，而其中鉴定技能最为出众的应当是祝允明。文彭在年轻时随父交游，应当也或多或少的受到了祝允明的影响。祝允明，字希哲，号枝山。他是祝颢的孙子、徐有贞的外孙、李应祯的女婿，故自幼染于家学，才华早显。祝允明在鉴藏的学问方面，自然也受到乡中前辈之影响，他青年时拜王鏊为师，亦受到沈周、刘珏、吴宽、周臣、朱存理等师辈的熏陶，故在文徵明所叙鉴藏家的圈子中也是重要的一位。从祝允明《怀星堂集》所收题跋中也可知，无锡大藏家华云、华夏也与祝允明过从甚密，除苏州与周边地区常有人送书画请祝验鉴外，他出游北京、天津、南京和其他地区时也多有鉴定活动，可见他的鉴定声名越出苏州以外。

二、文彭的继承者

文彭对诗文、书画、篆刻、鉴赏等多种艺文技能精进研习，博采众长，终成一代大家。针对其不同领域的弟子，也有必要作一番梳理。

诗文上，主要的继承者是长子文肇祉。文肇祉，初名元肇，字基圣，号开云、雁峰，文彭长子，文徵明孙。十试有司，均不第。后以诸生选就上林苑录事，就职仅两年，即辞官归故里。文肇祉继承家风，能诗善文，兼工书法，尤善草隶，《御定佩文斋书画谱》称其“诗文草隶，仿佛国博公”。就现有材料观之，文肇祉有《文录事诗集》传世，收录了其所作之诗歌，而其散文则未见。另据《文氏族谱续集》记载，文肇祉还有《虎丘山志》集，但仅见书名，未见其书。为传其家学，以志不忘，文肇祉在辞官归里后，辑录其先人文洪、文林、文森、文徵明、文彭、文嘉，其弟元发及己之诗集为《文氏家藏诗集》。王穉登对文肇祉诗有过这样的评价：“标意而黜辞，尚理而远格，先情而后才，首奉旨而薄声调，贵自然而略纂组。”这一评价还是比较贴切的。以其四言古诗为例，长于记事，且多有寄兴，有的称颂君王之功，有的寄寓自身感慨，但是韵律、格调却并不工整。用文肇祉自己的话说，其作诗只是托物寄兴而已。

另外，文肇祉的兄弟文元发亦传承了其家族之文学艺术传统。文元发(1529—1602)，字子悱，号湘南，亦号清凉居士，文彭次子，文肇祉同母弟。隆庆二年(1568)贡士，万历五年(1577)选授浦江县职，于万历十年得授卫辉府同知，未就，上疏乞归，获准。晚年家居以诗自娱，有高士风，谥端靖先生。文元发能诗亦善文，家居常手持编，间以诗自娱。其为诗不求甚工，聊以自慰而已。据《文氏族谱续集》载，文元发有《兰雪斋稿》《清凉居士集》《文奉议集》《学圃斋随笔》《续笔》。

书画上，文彭的成就并不突出，但是在这里有必要提及的，是文徵明侄子文伯仁。文伯仁可以看作是文氏家族绘画领域的继承者，文徵明画风主导吴门画派数十年，上承沈周、赵孟頫等画家，下启文嘉、陆治、王宠等文氏子弟与吴门画派的画家，所以造就了吴门画派的地位。自文徵明起，文氏家族将吴门的书画共延续了六代，从文彭、文嘉、文伯仁，至明清之际的文震孟、文震亨、文从简、文点等，其中不乏功名卓著之人，亦是能书善画之人。其中文彭、文嘉和文伯仁在绘画领域颇具代表性。文嘉在绘画上的成就，相较于文彭要高的多，但是两者的绘画风格都为文氏传派，面貌大都近似文徵明细笔山水，注重文学修养和笔墨意趣，这也是文伯仁早期绘画风格中学习与融合的。

文伯仁(1502—1575)，字德承，号五峰，以文人山水画见长，屡试不中后放弃举业,以卖画为生。文伯仁作为吴派山水画家和文氏家族中的重要成员,其山水画作品构思独特,画艺精湛,为明代中期吴门山水的代表画家之一。画史中对文伯仁的绘画评价甚高,明代姜绍书在《无声诗史》中提到文伯仁:“衡山犹子也。画山水,名不在衡山下。伯仁少传家学,时以巧思发之,横披大幅,颇负出蓝之声。”[①]此外文伯仁交游广泛,早年与吴中文人交游密切。文伯仁后因仕途不顺,曾到过北京和南京两地寻求功名,并以书画为媒介,试图打开仕途之路,期间交游甚广。山水画秉承家学,在文氏雅澹的文人气息基础上,又参以王蒙繁密郁茂之画风,用笔较为尖利细密,松秀清劲,结构缜密,风格于王蒙繁密郁茂之中透露出文人的清雅意蕴。文伯仁相较于文彭与文嘉的画风,画面中带有更多的人文气息,并将其缜密的物象堆叠,转变为结构繁复的肌理块面。构图上取自王蒙,但其笔法更加细密清劲,营造出一种新的画境。文伯仁细密清劲的笔墨,在他晚年的《摄山白鹿泉庵图》《秋山游览图》《南溪草堂图卷》等山水长卷中得到了集中体现。

鉴赏上,主要的继承者,是以顾氏兄弟、华云、华夏、嘉兴的项元汴等为代表的,直接接受文彭鉴赏的当世大藏家。文彭既是文徵明的儿子,又是卓有成就的书画家与书画鉴定家。在艺术创作上,他们是文徵明风格的得力继承者,是吴门派中后期的代表书画家;而在书画鉴藏群体当中,文徵明的晚年及生后,文彭逐步成长、成熟起来,先是在父亲身边充当助手的角色,后期开始独立担纲,成为苏州地区书画鉴藏圈中的领袖人物。

嘉兴的项元汴在文家父子两代人的熏染下,眼力与收藏力都已十分了得,这从其在文彭去世后独自开展一系列的书画鉴赏活动,就可见一斑。顾氏兄弟编撰的《顾氏集古印谱》所收第一枚秦代玺印,下面的注释文字乃文彭所作,仅这一点就反映出顾氏兄弟对文彭篆刻艺术水平和鉴赏水平的尊重。文彭与顾氏兄弟间的密切交往,无疑会使他在印章审美、鉴藏取向方面对顾氏兄弟产生影响;耳濡目染,顾氏兄弟也必然在鉴定上有所长。华夏、华云的收藏也大多有赖文徵明及文彭为其鉴定,在与文氏父子不断交往的过程中,华云、华夏自身的修养也在不断提高,鉴赏力日

① 姜绍书:《无声诗史》,《中国书画全书》第六册,上海书画出版社,1992年版,第843页。

趋老道。这从何良俊专门去往华云家观书画、记录藏品，并记载的文字中就可见一斑："余见三吴人自衡山而下，惟华补庵为近之，盖由其素与衡山父子游，处渐摩日，久不觉自化，乃知朋友相规之益，信不虚矣。"[①]

印学上的传承，相较于其他艺文技能，则相对复杂的多。周新月先生在其所作《文彭仕途事迹考》一文中，认为："万历时最重要的印人何震、苏宣都是他的弟子，文彭还有一个弟子叫王幼朗，很少有人提起；王伯钦亦应受其直接影响，还有金光先也曾想他请教过，董凤元亦与之有交往。"[②]在篆刻史上，明中后期吴门文人群体参与治印的重要性不言而喻，文彭与他的追随者不仅形成了三桥派，与之颉颃的雪渔派、泗水派，亦无不得文氏沾溉。[③]从现有的研究成果来看，曾师于文彭，学习篆刻的主要为何震、苏宣、王幼朗、金光先、王逢年、董凤元等人，现对资料相对充实的前四位作大致的梳理。

师事文彭，后又与文彭并称"文何"的何震，字主臣，又字长卿，号雪渔。文彭与何震之间，更像是亦师亦友的关系。徐沁《明画录》卷七载："何震字长卿，号雪渔，歙人。幼师事文彭，学其篆刻，名海内。"另据周亮工《印人传》载可知，文彭精研六书，何震常常从其讨论，每论则日夜不休。他常住南京，与文彭交往，请教篆刻，他的印有受文彭影响的一面，但更多地表现出了个人的特色。(图十八)同时，《明文海》第三百一十八卷中，刘世教《吴元定印谱序》中亦曾记"主臣或言，故尝从文博士游，或言晚不及也"。在此，何震自己也说少曾从文彭游，足以见得两人之间关系。关于何震师事文彭的时间，胡应麟《题何长卿文寿承墨竹图》中跋文称"长卿自弱冠执业寿承之门"，说明何震是在二十岁左右，即嘉靖三十三年(1554)前后师事文彭的，在其出仕之前。后来，文彭任职北京时，何震随其一同参加与黎民表等的雅集聚会，当文彭移职南监时，何震此时大约也在南京。据周亮工称，期间何震从之讨论六书印学，彻夜不休。

---

① 《书画铭心录》跋尾，转录自《御定佩文斋书画谱》卷九十三，《影印文渊阁四库全书》第823册，上海古籍出版社，1989年版，第2726页。

② 周新月：《文彭仕途事迹考》，《当代中国论文书法选·印学卷》，荣宝斋出版社，2010年版，第327页。

③ 薛龙春：《明中后期吴门文人篆刻考论》，《文艺研究》，2017年第09期，第130页。

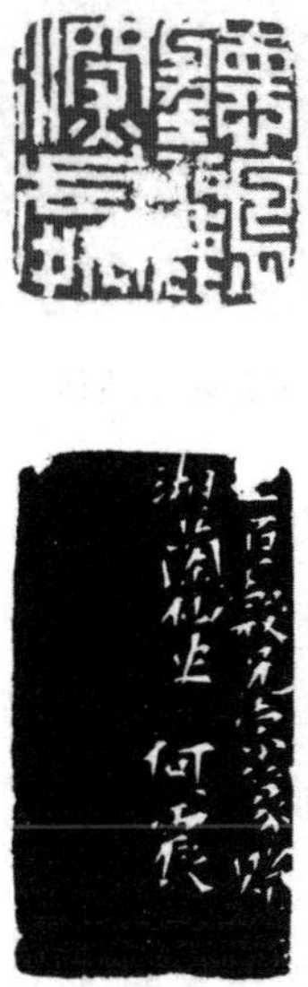

图十八　何震　听鹂深处

何氏的篆刻基础理论，来自众多的艺术创作实践中，何震师法文彭，但依法而不泥法，而是自立门户，我师我化，因而在篆刻艺术上不断创新，有所建树。文彭的朱文印圆劲秀丽，白文印格调清新，受到很高评价。何震则在学习文彭的基础上，执刀有千钧力，运刀有雷电速，刀随意动，意指刀达，笔中藏刀，刀中有笔，刀笔结合，相得益彰，别具神采。由于何氏在艺术创作中实现了刀法与书法的一致，内容与风格的统一，因而所作印章别有韵味，正如《韵石斋笔谈》所云："如绛云在霄，舒卷自如"，形成了独具一格的"徽派"篆刻。何震与文彭师友之间的关系，使得何震印风在继承文彭的"雅正"之外并不墨守成规，参以"猛利"之气，形成了鲜明的个性。

苏宣，名应制，字尔宣，一字啸民，号泗水，又号郎公，新安（今安徽歙县）人。他是明代中后期印坛上一位非常活跃的人物，与文彭、何震鼎足称雄，有《苏氏印略》传世。朱简在其《印经》中将明中后期的印章流派分而为三，即三桥派、雪渔派、泗水派，苏宣即是泗水派的代表人物。（图十九）苏宣的父亲苏眉阳也是当时一位知名的书家，并有草书《千字文》传世。苏宣幼承家学，喜读书，生性耿直豪迈，好任侠，善击剑，弱冠之年曾因仇杀人，逃遁于淮海间。时人对苏宣的印象多会提及他善击剑，有豪侠之气。明董嗣成作《苏生行》：

图十九　苏宣刻　顾林之印　石章

> 苏生意气一何豪，防身凛凛昆吾刀。不惜千金保恩怨，常拼一死轻鸿毛。一怒投袂起，再怒发上指，岂顾仇家势若出。白昼提刀向都市，荆轲漫逐秦皇帝。豫让空惊赵襄子，避仇逃匿五湖旁，只将名姓隐词场。手操三寸铁，妙伎归符章，不数李丞相，谁夸蔡中郎。往往好事者，得君片石如琳琅。今君移家住吴中，不见要离墓又不见专诸宫。千年荒土久寂寞，空埋侠骨荆榛中。丈夫不斩郅支首，当勒燕然功。只今波翻瀚海碧，火照甘泉红，苏生何乃工雕虫。[①]

诗中甚至将苏宣比作古时的豪侠荆轲、专诸。诗中也讲到他后来移居吴中，悉心篆刻，师从文彭。并且他还曾在云间顾氏、檇李项氏家中遍观秦、汉印章，自称："余于此道，古讨今论，师研友习，典画之偏正，形声之清浊，必极其意法，逮四十余年，其苦心何如！"

王幼朗，同样是明代中后期活跃在苏州印坛的代表人物之一。王稚登序周应愿《印说》："逮肃皇帝时，陈道复父子、文寿承、王禄之、和仲诸君出，而后庶几可复古也。"王和仲即王幼朗。王幼朗，字和仲，号少微，方用光《古今印选》卷四刊印"王幼朗印""和仲"二印，注云："王和仲讳幼朗，号少微。善篆隶，而印章刀法极精。"周应愿称他"少承父元微法，今年七十余，目力不竭，手持寸铁若弄丸，每出诸袖中，甚精锐，遇其得意，不让秦汉印章，其朱文更得不传之秘"。广陵汤有光甚至夸张地将王幼朗视为当日"李斯"。隆庆初，王幼朗游京师还吴，王稚登及王世贞、王世懋兄弟皆有

---

① 董嗣成：《青棠集》卷二，《四库全书存目丛书》集部第169册，影印北京图书馆藏明刻本，齐鲁书社，1997年版，第330页。

赠诗。[①]

金光先,字一甫,万历年间安徽休宁人。一甫深得治印字法、刀法、章法之三昧,初学何震,以后对汉印发生浓厚兴趣,并一发而不可收拾,后专攻汉印,神韵佳胜。不知汉印法,平正方直,繁则损,简则增,此为笔法。笔法及得,后以刀法运之,知巧视其人,不可以口传也。著有《金一甫印选》一册,亦名《复古印选》传《印章论》一卷。金光先的篆刻早年取法何震,他的印作颇得汉印真髓,外形、神韵俱佳。在文彭、何震之外,自成家法。当时学文彭、何震者比比皆是,但鲜有突破文、何藩篱而形成自己风貌的。金光先则是一位具有探索精神的,勇于走自己路的篆刻家。

① 隆庆元年(1567)秋,王幼朗游京师三年,将归吴门,三人皆有诗。王稚登《王百穀集十九种》燕市集卷下收《送王和仲归吴门二首》;王世贞《弇州四部稿》卷二八收《送王和仲还吴》);王世懋《王奉常集》卷八收《送王和仲还吴》。

第三章　文彭的主要艺术成就及因素分析

第一节　文彭艺术成就

文彭的艺术成就，主要体现其绘画艺术、篆刻艺术、书法艺术、诗文艺术、鉴赏艺术这五方面，兹对这五方面作一一梳理。

一、绘画艺术

有明一代，来自江南地区的艺术家在绘画领域占据了绝对的优势，明朝初年到中叶，浙派、吴门画派先后执画坛牛耳；晚明时期，松江董其昌、太仓王时敏为一代宗师，并出现了松江派、苏松派、云间派、虞山派、娄东派、毗陵派、武林派等颇具影响力的绘画流派。

十六世纪初，引领画坛的两大画派“浙派”和“吴派”的领袖吴伟、沈周相继去世，之后的浙派后学也是江河日下。此时吴派绘画的旗帜却高扬了起来，这主要归功于文徵明。二十六岁的文徵明就跟随吴门画派开创者沈周学画，绘画风格如他的老师沈周一样，创作上汲取多方营养。画面具备元代诸画家的个性和抒情画风，也有唐五代、北宋时期的文人画传统。文徵明的学画之道是继承传统、博采众家，通过对古人绘画作品跨时代的借鉴构成了他绘画的一个基本风貌。在沈周去世后的半个多世纪里，文徵明领导的吴派开始统领着画坛，之后风靡画坛六十余年。

吴门画派在嘉靖中后期画坛的领袖地位，不仅得益于文徵明德艺双馨、交友广泛的作为，更在于绘画传承谱系的连续性。上承沈周、赵孟頫等画家，而自文徵明起，文氏家族将吴门画派的书画延续了六代，从文嘉、陆治、王宠、文彭等开始，至明清之际的文震孟、文震亨、文从简、文点等，其中不乏功名卓著之人。在家族子弟中，文彭、文嘉和文伯仁在绘画领域颇具代表性。作为吴门画派后期的代表画家，文彭的绘画种类分为花鸟画、竹石兰花画与山水画。竹石兰花主要取法吴镇和文同。山水画宗家法，深得文徵明工细雅致之风兼学元人吴镇画法。在技法和形态的层面将绘画细致绵密的画风推向了极致。《无声诗史》记载其画有《桐阴避暑图》，“结构颇类衡山，乃知家学渊源，点染有自矣”。

文彭《松山高士图》画中树木的处理来源于吴镇画法，吴镇最喜欢被赋予隐逸人格象征的古松来充实画面。在画中，文彭于近景中选取只有几棵苍劲、枝叶茂密的古松，描绘出顽强的生命力。技法上采用了斧披皴、披麻皴的皴法，以淡墨皴擦，山头些许湿笔浓墨点苔，用苍劲的笔墨描绘松树本身的挺拔厚重，相比较于文嘉绘画风格，设色上更加浓重。朱谋垔的《画史会要》曾论述文嘉同文彭之间的画风差异，说道：“彭画苍郁，嘉画疏秀；彭似梅花道人，嘉似云林高士。”[①]可见朱谋垔称文彭画风苍郁似吴镇是相符合的。（图二十）

图二十　文彭《松山高士图》

传世画作有作于隆庆六年（1572）的《墨兰图》卷，图录于《晋唐五代宋元明清书画集》，《墨兰图》轴现藏故宫博物院。所作《墨兰图》画中以水墨

① 朱谋垔：《画史会要》卷四，上海书画出版社，1992年版，第567页。

画兰花两丛，荆棘二枝。以渴笔淡写荆棘卷曲、兰叶舒畅之姿，并以水墨草点兰花偃仰、互相交织之状，节奏感强，和自题草书“月摇庭下珂，风递谷中香”融为一体。（图二十一）

图二十一　文彭《墨兰图》

现藏于广东省博物馆的嘉靖四十一年（1562）所作《墨竹图》轴，自题：“我爱江南小满天，繁花销尽竹娟娟。北窗自展南华读，时有凉风到枕边。文彭写寄方壶先生，壬戌端阳日。”承继其父尚“古意”，追求闲逸清俊的审美境界，博采众家。文彭“写墨竹，老笔纵横，直入湖州之室”[①]。文彭画竹，既承家学，又潜心研究，其代表作《墨竹图》清雅静寂，颇有诗韵。

其所作《妻妾玩牌图》画面中共有七人，从屋内陈设和各人的衣着，以及所坐的位置来看，都非常有讲究。从座次方位到各人的衣着和所坐的凳椅，及周边的仆人可看出尊卑有序。人物面部刻画细腻，衣着线条十分流畅。用笔精细，色彩清丽。画右上侧的题跋：“假书陪酒盏，索枕听江潮。时逝直堪惜，浮云仰碧霄。乙丑冬月，文彭。”文人闲适文雅的气质跃然纸上。

文彭追随了吴派典型的文人写意画风，师法元代文人画大师赵孟頫。

① 徐沁：《明画录》，见周骏富辑《明代传记丛刊》第072册，明文书局，1991年版，第115页。

姜绍书《无声诗史》中记载了文彭的书法和篆刻均比绘画擅长，所以流传绘画的数量和种类上比较少。窥探文彭的绘艺思想，可以从篆刻和书法着手，魏锡曾谓“论文氏父子印，亦以书迹惟据”[①]，在家学的熏陶下，文彭精研六书，并积攒了深厚的文学功底，尤擅长绘画篆刻。当时文徵明追求的是平淡温和的画风。《铁柯论》中：“若夫矫抗直前，靡所顾忌，而慷慨激烈，以阶祸首，难以求必胜。”[②]文彭绘画或者篆刻作品中体现出的都是蕴藉平和之态，温文尔雅的君子之气，延续了文徵明以六书为准则的复古绘画思想。他认为：“唐宋官印多为九叠文过于板滞，乃始屈曲盘回缪篆之状，至宋则古法荡然矣。元朝私印又多以朱文制之，易于纤弱。”[③]求古之心不言而喻。文徵明对于赵孟頫绘画艺术精神有深刻领悟，赵氏清远秀雅的山水画风格在文徵明以及后续文氏家族的画中得到了承继与发展。

文彭绘画，在内容上以水墨山水以及其他静物为主，形式上则表现为娴熟的技法运用，以及诗书画印的完美组合，综合前人的技法，形成自己的风格；意境上典型地体现着文人画的“写意”传统，秉承其父，追求闲静幽雅之境；用笔精细而劲利，沉稳而文静，其青绿设色不及院体画的浓艳、响亮、厚重，而是淡雅、苍古而清润，设色上更加浓重。文氏追求内容、形式、意境上的完美结合，故有诸多脍炙人口的作品流传至今并被珍藏。

二、篆刻艺术

明代中期以来，江南一带经济的发展，导致了市民文化与审美意识的滋长。苏州一带的文人因为远离政治中心，加之周围环境的熏染，使他们更多了一分闲情雅致。产生了诸多文化艺术群体如“吴门画派”“吴门书派”和“吴门印派”等。其中吴门印派便是文彭和其父亲文徵明合力创办的印学流派。

在中国篆刻艺术史上，文彭历来被誉为“篆刻流派的祖师”[④]。清周亮工《印人传》云：“但论印之一道，自国博开之，后人奉为金科玉律，云仍遍

① 魏锡曾：《赖古堂残谱》，西泠印社，1990年版，第303页。

② 文徵明：《文徵明集》卷十八，上海古籍出版社，1987年版，第482页。

③ 刘丹：《关于文彭篆刻艺术形成原因的思考》，中国艺术研究院2011年硕士论文，第6页。

④ 赵宏：《文彭对篆刻艺术的中兴之功》，《书法世界》，2005年第2期，第67页。

天下。"这一评价足以展现当时文彭在篆刻界的地位和盛名。

文彭治印，首先提倡复古，师法秦汉，吸取古法，但并非泥古不化，而是"借古以开今"，力矫时弊。他主张应以六书为准则，认为"唐宋官印多为九叠文过于板滞，乃始屈曲盘回缪篆之状，至宋则古法荡然矣。元朝私印又多以朱文制之，易于纤弱"。所以他倡导惟有宗法古人、师法传统，方能觅得印之真味。在篆刻创作上，开辟了"白文宗汉、朱文仿元"的大格局。从文彭很大一部分的白文印中，也可以明显地看出对于这一格局中汉白文的继承与发展。同时，得益于他的广泛交游，其汉印模式下的作品，在取法范围上较其前辈文人而言更为全面，表现为其作品的面貌更为丰富多样，风格气息更为纯正。其次，他身体力行，"引进"并广泛推行石章。"灯光冻石"的使用，改变了文人治印"只篆不刻"的局面，使篆刻艺术迅速普及，极大地推进了篆刻艺术的发展，开辟了篆刻史上的石章时代。再次，刀法是形成篆刻家个人风格的重要手段之一，文彭开创了在印侧用双刀法刻边款的先例。清陈豫钟曾称"制印署款，昉于文、何"。将边款的首创之功归于文彭、何震。文彭刻款的方法是先写墨稿，再以冲刀法沿其两侧刻去磨痕，笔意精致传神，流畅劲拔。最后，就内容而言，先前篆刻的印文多以名字、官衔等为主，文彭治印时，印文并不限于名字斋号，有时还精选一些诗文佳句，借此表现自己的风雅之趣，拓宽了印文的题材，更重要的是增强了篆刻的文人趣味，为以后文人治印铺平了一条康庄大道。如在平正的汉印风格基础上加入一些鸟虫篆的元素，从而将局部字形美术化，使整方印在原有的端稳厚重感之上不乏一种沉着的灵动之美。这在文彭之前的文人印中几乎是不存在的，是文彭在仿汉印类作品中较前人而言最大的发展和突破。

传世的文彭篆刻作品，大致包括四类：一是其传世书画作品上的钤印；二是与其关系密切的书画家的用印，如其弟文嘉，其友王榖祥、项元汴等人的部分常用印；三是见于传世印谱上的印作，其中最为世人熟知的是明万历年间张灏所编《承清馆印谱》中所收录的十九方印；四是传为其所作的印章实物，如"琴罢倚松玩鹤"[①]等。传世的文彭印章实物，风格不一，

① 韦佳：《文彭篆刻风格特点分析》，《南京艺术学院院报·美术与设计版》，2011年第04期，第73页。

水准参差不齐,因而对于一些作品我们也部分存疑,在这里对现今可见的篆刻作品进行一一梳理。(图二十二)

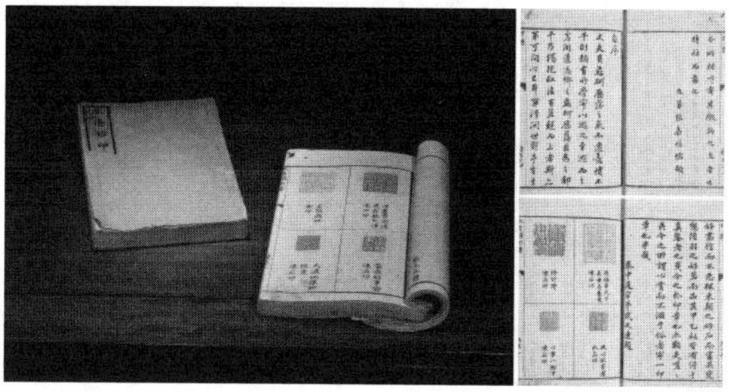

图二十二　万历四十五年(1617)钤拓本《承清馆印谱》

传世书画作品上钤印,是探寻文彭篆刻的真实风貌最直接可靠的来源。文彭传世书画作品上的钤印,依文物出版社1987年版的《中国书画家印鉴款识》来看,共有六十方。这些印作,虽数量不多,却是我们窥探文彭篆刻具体风格特点的第一手材料,现一一梳理于下:

嘉靖辛酉年文彭文嘉书翰合册中文彭印

陆治红莲映水图轴题跋中文寿承氏

张雨自书诗册题跋中文寿承氏

张雨自书诗册题跋中文彭

陆治红莲映水图轴题跋中文彭

文徵明石湖间泛图卷题跋中寿承父

戊申年文彭行书诗轴中文寿承氏

文嘉惠丽品茶图卷题跋中文寿承氏

文嘉写唐人诗意图轴题跋中文彭印

吴伟铁笛图卷题跋中文彭印

丁亥年唐寅书七律廿一首卷题跋中文彭印

嘉靖丙寅年文徵明花游图卷题跋中文彭印

文彭彭年等行书扇页中寿承

嘉靖壬子年谢时臣清宵雅集图卷题跋文寿承父

嘉靖壬寅年仇英摩倪瓒像卷题跋中寿、承

隆庆己巳年文彭行书岳阳楼记中文彭之印

嘉靖戊午年文彭隶书前后出师表卷中文彭之印
张雨自书诗册题跋中文彭之印
隆庆庚午年陆治文彭赤壁赋书画合卷中文彭之印
文彭王毂祥等行书诗朱之蕃山水合卷中文寿承氏
张雨自书诗册题跋中文彭之印
文彭王毂祥等行书朱之蕃山水合卷中文彭之印
唐寅仇英云槎像何娟题跋中文彭之印
文彭文嘉行书扇页中文彭
癸未年倪瓒真书江南春词文徵明补图卷题跋中悟言室印
壬申年文彭文嘉赤壁赋书画合卷中文氏寿承
吴伟铁笛图卷题跋中寿承氏
隆庆己巳年文彭行书岳阳楼记中文寿承氏
唐寅仇英云槎像合卷题跋中文寿承氏
隆庆丁卯年文彭书文徵明诗卷中文氏寿承
丁亥年唐寅书七律廿一首卷题跋中文氏寿承
嘉靖丙寅年文徵明花游图卷题跋中寿承
隆庆丁卯年文彭书文徵明诗卷中文寿承氏
丁亥年唐寅书七律廿一首卷题跋中三桥居士
文彭草书轴中三桥居士
张雨自书诗册题跋中三桥居士
嘉靖戊午年文嘉隶书前后出师表卷中三桥居士
文彭赤壁图卷跋文寿承氏
癸未年倪瓒真书江南春词文徵明补图卷题跋中文寿承氏
仇英蓬莱仙奕图卷题跋中文寿承氏
隆庆庚午年陆治文彭赤壁赋书画合卷文寿承氏
隆庆戊午马和之周颂十篇图卷题跋中文寿承氏
嘉靖四十年文徵明人日诗书卷题跋中文寿承氏
壬申年文彭文嘉赤壁赋书画合卷中文寿承氏
文彭行书诗轴中文彭之印
张雨自书诗册题跋中文彭之印

隆庆庚午年陆治文彭赤壁赋书画合卷中国子先生

隆庆二年文彭周天球彭年等行书诗合卷中国子先生

文氏一门书画册中国子先生

吴宽行书种竹诗卷题跋中三桥居士

明清人杂书册中悟言室印

张雨自书诗册题跋中寿承氏

文彭草书轴中寿承氏

文彭行书诗轴中寿承氏

王宠行书诗卷题跋中不为俗情所得

明人翰墨中文彭

隆庆辛未年朱玉劫钵图卷题跋中两京国子博士

嘉靖四十年文徵明人日诗书卷题跋中长生

王宠行书诗卷题跋中闲于白鹤心

王宠行书诗卷题跋中在乎山水之间

此间收录的六十方钤印，风格特点大体可分为两种：一、汉印模式下雅正的风格；二、在吴门前辈的基础上建立起来的“非俗非陋，不徇不拘”的一己风格。

纯正雅致的汉印风格，多是文彭在取法范围上较其前辈文人而言更为全面，表现为其作品的面貌更为丰富多样，风格气息更为纯正。具体来看，文彭汉印模式下的作品可分为五个小类：第一类是平匀者，典雅清丽。这类作品线条平匀流畅，洋溢着一种流动的韵律感。其字法平稳而不失灵活，依字形赋予恰当、自然的造型，在注重平匀整饬的同时，其线条的韵致更为灵动，印面的布局也更为灵活。第二类是满白者，轻重得宜。此类印布局灵活，但红白各显其势，整体力量均衡平稳，互为彰显，轻重得宜，章法上彰显出灵巧的构思。文彭满白文印的突出特点也体现为线条的粗率与印面整体感觉的随意、灵活，这或许可看作文彭亲自镌刻的特点。第三类是细白者，简洁劲拔。此类印文字之间以及各笔画之间距离都较疏朗，印文线条细劲，可谓“衣衫褴褛，不修边幅”。第四类是朱白相间者，对比鲜明。此类朱白相间类汉印，朱文和白文的红、白形成均势。

朱文的留白与白文的线条几乎等势，左右的红、白十分协调，印面整体风格和谐统一。第五类是含有初期鸟虫篆元素的印。在平正的汉印风格基础上加入一些鸟虫篆的元素，这是文彭在仿汉印类作品中较前人而言最大的发展和突破。在汉印的基础上加进鸟虫篆的元素，从而将局部字形美术化的实践，在文彭之前的文人印中几乎是不存在的。文彭的大胆尝试，说明他对汉印，甚至可能更为古远的印章，确实有着较前人更全面、深入的接触。

“非俗非陋，不徇不拘”的一己风格。明王稚登云：“非俗非陋，不徇不拘，惟文寿承一人。”[①]这一评价可谓十分中肯。而明李流芳云：“吾吴有文三桥、王梧林，颇知追踪秦汉，然当其穷，不得不宋、元也。”[②]印史上所谓的“宋元”风格，主要指的是由赵孟頫所创之“元朱文”的风格面貌。文彭在此类风格印章的字法上运用屈曲的圆笔，转折处温婉优美，不激不厉，重视笔画的装饰意趣，章法布局平匀整饬，印面体现出一种沉静优雅的气息。可以说，文彭的绝大多数朱文印，从根源上看，是对赵孟頫以及吴门早期印人的继承，他的朱文印是对赵氏一路元朱文的发展。对于文彭这一类风格的作品，可从字法和章法两大方面进行考察。

字法的表现上，主要有四大特点。一是诸体杂糅，大胆简省：常以大篆入印，而在小篆字形中常有机运用大篆的元素，同时也将篆刻的字法简化到隶书，甚至是楷书的处理，做到了“当省则省”，大量地使用简笔字。二是圆朱文印转折处圆中带方，这一风格特点是文彭在继承其前辈文人印的基础上发展而来的，印面整体呈现出平正典雅的气息，体现出“非俗非陋”精神面貌中细腻典雅的一面。三是偶尔可见装饰意趣，在之前的文人篆印中采用装饰意味的处理并不多见，即便在赵孟頫等人的印作中偶见端倪，但也都不及其装饰意趣的浓重。此外，前文所析其印中偶见的鸟虫篆元素，亦可视为一种装饰意趣。四是同字多变，文彭很注重印面文字的造型设计，追求丰富的变化。从数方内容相同或相似，而文字造型各具姿态的印作中，不难看出他在这方面的独具匠心。

---

① 王稚登：《古今印则跋》，《历代印学论文选》，西泠印社，1990年版，第157页。

② 李流芳：《题汪杲叔印谱》，《历代印学论文选》，西泠印社，1990年版，第463页。

章法的使用上,同样有四大特点。一是因字赋形,一任自然。其朱文印多随字赋形,穿插避让,此外,其白文印也体现了这一特点。整体依字赋形,使得笔画繁简不一、字形长短有别的字各得其所,字形圆融而不失方正,活泼而平稳,加之线条圆润,印面分红布白自然,自有一种接近汉印敦实朴拙的趣味。二是运用多种技巧处理印文与印边的关系。文彭在处理印文和印边的关系时运用了多种技巧,其中较为突出的可归结为沾边、借边、逼边三类。三是边框自然古朴。文彭这一类风格的朱文印,边框或完整无缺,或残破断连,或干脆边框全无,其具体手法可归结为不断边、残边、无边三类。四是尝试多种章法形式:这类带有文彭典型风格特点的印作虽然数量有限,但我们却可从中看到较为多样的章法形式,其中比较突出的有“闲于白鹤心”“长生”以及两方“寿承”印,此间的几种形式,在文彭之前鲜有出现,多是文彭建立在对他所见到的古印或前人印的取法基础上实践摸索出来的,这些尝试对于当时的印坛是有着新鲜的冲击力的。

文彭的篆刻继承了元代以来文人篆刻的传统,在汉白文和圆朱文的基础上奠定了典雅工整的风格,格调清新,讲求六法但又注重变化,形式较为丰富却又颇有创意,这也就是吴门印派的典型风格之一。应该说,吴门印派在文彭之前已经形成雏形。

当时吴中文人能够治印的虽然很多,但有的只是偶尔为之,并未精研于此;有的如王宠、周天球等生平囿于邑里,所以在当时和对后来均未产生什么影响,往往为后来学者所疏忽。还有一个比较重要的原因是,在传统观念中,治印只是雕虫小技而已,是工匠做的事情,文人们虽然涉猎于此,但并不会以此炫耀,故而一般都是以自娱为主的。如王穀祥曾称“余少尝从事于斯”,王穉登也曾说过“余少有印癖”,说明他们后来都放弃了,很可能就是上述的原因所致。比较而言,文彭较精于此,从其钤印的数量和质量来看,在当时都是比较突出的。文彭对于篆刻也并不局限于自娱,他还经常为人刻印。虽然文彭的印章传世不多,但当时吴中有许多文人的印章可能出自其手,如王穉登称“余少有印癖,匣中尚多寿承之作,每一展玩,叹其绝伦,谓解牛斫轮之技,千载不传”。可见其钤印中应有文彭之作。除此之外,如传世的“琴罢倚松玩鹤”一印是为唐顺之刻的,虽然此印的真伪尚待进一步考证,但以文、唐的交往还是有可能的,唐顺之其他一些钤印与文彭的印风也是比较接近的。还有嘉兴著名的收藏家项笃寿、元汴兄弟与文彭过从甚密，经常请他鉴定书画，项氏兄弟的收藏印有一部分很可能也是他刻的。由此推测，文彭生平为人刻印应是较多的。大约因为他在这一方面的成就和影响，所以求刻者甚多，他为人刻印的态度亦极认真。有一次为人刻印，刻好后自己觉得不满意，于是在写给友人的信中说：

“瓢印大不惬意，须用重作，前日已略为改，尚未停当，出月当为公料理不误。”

正因如此，文彭生平致力于篆刻艺术实践，使他成为一代印风的代表人物。王稚登“叹其绝伦”，说明了文彭在篆刻艺术方面的造诣确实卓越超群，领袖风气。他与其他吴中文人的区别在于，他并未因印“小”而莫为，没有受将治印看成是雕虫小技的传统观念的束缚。亦正因为这一点，奠定了他在篆刻史上地位的基础。可以说，自文彭开始，篆刻艺术已逐渐成为一门专门的艺术了。

见于传世印谱上的印作，其中最为世人熟知的是明万历年间张灏所编《承清馆印谱》中所收录的十九方印，现梳理于下：

爱酒不愧天石印
帝曰大布衣石印
抚顶弄盘古石印
何地置老夫石印
皇天无老眼石印
结发爱长生石印
酒酣喝月使倒行石印
老大谁能更读书石印
论心游侠场石印
书不求甚解琴聊以自娱石印
谈昔居石印
檀心轩石印
天外宾石印

无才不敢累明时石印
衔杯乐圣稱避贤石印
偃卧恣疏顽石印
一醉累月轻王侯石印
阅书交情好闭关石印
自称臣是酒中仙石印

清金一畴《珍珠船印谱初集自序》有云："近时伧父率为细密光长之白文，伪称文氏物，好古者多不识也，宝而藏之，三桥有知，能无齿冷？"[①]周亮工《书文国博印章后》云："（文彭）所为印流传甚多，今皆为人秘玩，不复多见，亦由无谱也。印至国博，尚不敢以谱传，何今日谱之纷纷也，亦自愧矣！"[②]金氏所谓"细密光长"的白文风格，正是绝大多数传世印谱上文彭印作的统一风格。周氏谓文彭印作传世甚少，乃"亦由无谱"。通过将前文所述的文彭传世篆刻作品中第三类与第一类进行仔细比对，不难发现，从刀法来看，第三类绝大多数作品都要较第一类挺拔得多，且从印面的风格来看，第三类整体风貌也更为严整。因此，我们有理由推翻第三类印作的可信性。[③]

传为其所作的印章实物，主要有以下几种：现藏于上海博物馆的"七十二峰深处"牙印，边款刻"文彭"二字。（图二十三）出土时四周已经剥蚀，线条挺洁，空地做平底，有些专家认为这方印章应为文彭篆印后交由工匠李文甫契刻印面与边款而成。因为我们从先前争议较小的文彭作品中得知，文彭边款多以行书双刀为主。虽然抗战时期出土时被判断为明代物品，但是这方印章是否为文彭所刻还具有争议。万历初年，周应愿在《印说》中说"文彭克绍箕裘，间篆印，兴到或手镌之，却多白文，惟'寿臣'朱文印是其亲笔，不衫不履，自尔非常"。

① 金一畴：《珍珠船印谱初集自序》，孙祖慰、俞丰编著《印里印外——明清名家篆刻丛谈》，上海书店出版社，2001年版，第8页。

② 周亮工：《印人传·书文国博印章后》，《历代印学论文选》，西泠印社，1990年版，第157页。

③ 韦佳：《文彭篆刻风格特点分析》，《南京艺术学院院报·美术与设计版》，2011年第04期。

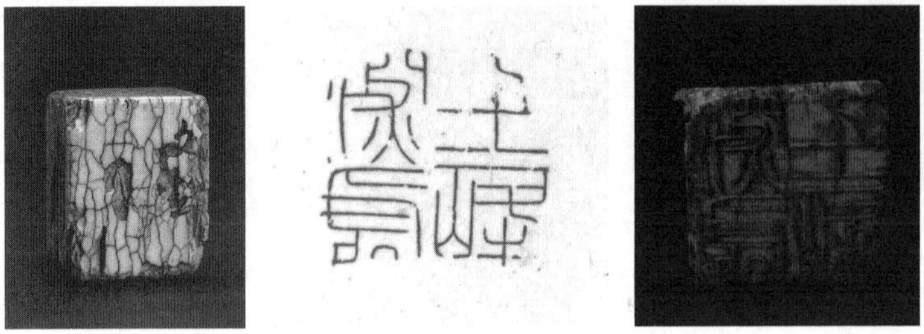

图二十三　文彭“七十二峰深处”(附边款)

“琴罢倚松玩鹤”一印,印面的长和宽均为3.3厘米,高8.1厘米,材质为青田石,现藏于西泠印社。此印有五面款,顶款为行书“琴罢倚松玩鹤”;边款分布印体四面,云:“余与荆川先生善,先生别业有古松一株,畜二鹤于内,公余之暇,每于余啸傲其间,抚琴玩鹤,洵可乐也。余既感先生之意,因检匣中旧石,篆其事于上,以赠先生,庶境与石而俱传也。时嘉靖丁未秋,三桥彭识于松鹤斋中。”(图二十四)

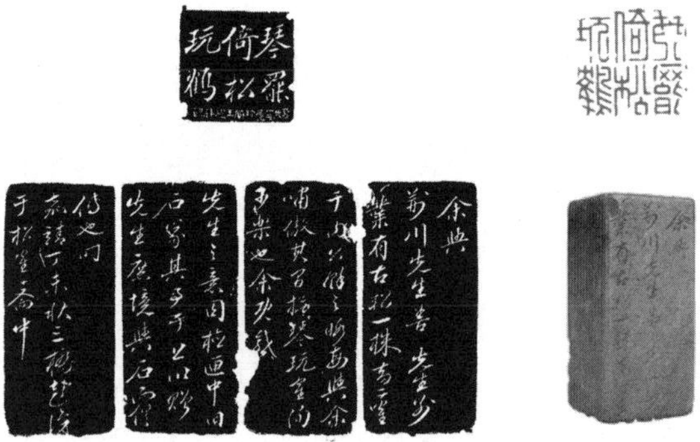

图二十四　文彭“琴罢倚松玩鹤”(附边款)

四川省南川县文物管理所曾在该县征集到疑似为文彭所作的一方寿山石龟纽篆刻。[①]该篆刻通高3.5厘米,长宽各2.7厘米。篆文为唐代诗人元稹诗句:“我是玉皇香案吏,谪居犹得住蓬莱”。边款为“嘉靖庚申仲春篆刻三桥”十个隶字。

故宫博物院藏“光风霁月”朱文印。青田黄石。印面长3.8厘米,宽3.05厘米,印高6.1厘米。印左边刻款:“嘉靖乙卯四月,茂苑文彭”。印文分两行布红,字按笔划多少均匀分布。光、月两字占空间较少,夙、霭二

① 黄节厚:《南川征集的“三桥”龟纽篆印》,《四川文物》,1993年第06期,第38页。

字占空间较多。整个印文字与字之间相距较大,疏朗有致,带有“明印”特点。边款用“双刀”法刻成,带有墨书笔意,边款也是很有特色的。乾隆皇帝在乾隆五十一年(1786)得此印,并题诗云:“光夙以为端,霱月以为倪。闻之山谷黄,曾称周濂溪。寿承笔于印,襟怀古与稽。欲以喻德章,宁因玩物题。”(图二十五)

“光风霁月”朱文印

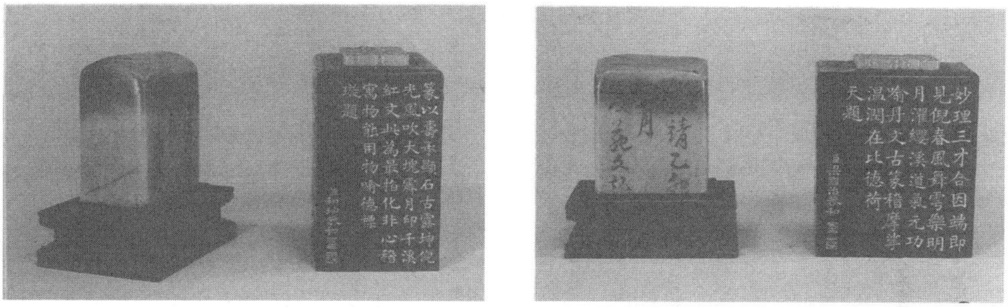

图二十五　“光风霁月”朱文印及紫檀印匣

这类作品几乎都可以归为文彭篆刻风格特点的第三类作品,即朱文妍美婉畅印风的早期代表作品。印文笔划自然残缺,突破理性的重围,飘逸脱俗。笔画的两条边线都光洁柔美,无论横竖撇捺抑或转折,无不饱满盈润,极富毛笔书写的意趣。(图二十六、图二十七)

图二十六　文彭刻　画隐、梁袠刻　东山草堂珍玩　两面章

图二十七　文彭“濯足五湖水”(附边款)

三、书法艺术

书法方面,文彭幼承家学,五体皆能,而尤以草书成就最高。明许穀《文国博墓志铭》云:“(文彭)字学钟、王,后效怀素,晚年全学孙过庭,而尤精篆、隶。”明詹景凤在《詹氏小辨》称文彭:“篆、分、真、行、草并佳,体体有法,并自成家,不蹈父迹,才似胜之,功力远不及父”;明王世贞在《吴中往哲像赞》中称其“尤工草、隶,咄咄逼其父,行、草有怀素、孙过庭法,而伤率弱”;清王文治《快雨堂题跋》亦曰:“清熟不如父,而萧散之气则远过之。”这些评价都足以说明文彭在书法上的造诣颇深。但在与其父的书法风格进行比较时,文彭的书法作品“率弱”“乏功力”“萧散”等论,亦所言极是。从另一方面看,文彭书作中更多的是其才情的流露。同其父的谨言慎行、温柔敦厚不同,文彭意气张扬,个性豪逸。

文彭作为文徵明的儿子,从小直接受文徵明影响,是文徵明书法最好的传承者。得天独厚的成长环境,让他不仅能够结交当世名人,鉴赏众多名作,更得到文徵明的倾心教导。明詹景凤在《詹氏小辨》称文彭:“寿承英英,几参祝步。”而文彭所跋《祝枝山书东坡·己游卷》中云:“我朝善书者,不可胜数,而人各一家,家各一意。惟祝京兆为集众长。盖其少时于书无所不学,学亦无所不精。”两相结合来看,文彭不仅对祝允明的书法推崇备至,同时也应当深受祝允明书法的影响。祝允明书法吸取唐虞世南、元赵孟頫书法之神,扬晋王羲之、王献之行书,唐怀素草书之势,融会贯通,自成一体,发展为自己独特的狂草,被誉为“明朝第一”。

在父亲和师友的熏陶教授下,文彭早年的行书、楷书、隶书,都有其前辈的影子。将文彭早年的隶书作品《客至》与文徵明的隶书《千字文》比较，两者隶书都是属于字形方整，结构均匀的风格，且在左右拉伸上不够舒展，蚕头燕尾的特征亦不明显。难怪王世贞在《吴中往哲像赞》中有如此的评价："先生少承家学，善正、行、草书，尤工古隶书，咄咄逼其父。"①

文彭的楷书，则自父亲的小楷入手，借鉴王羲之与钟繇的楷法，点画精工，笔力老道而颇具韵致，呈现出气息高雅而宁静的风貌，我们从文彭在嘉靖壬辰（1532）夏日所作的《自叙帖释文》可以看出，此时文彭小楷的结构上已趋于规整，点画方面追求精工，风格古雅，这与王羲之《黄庭经》和《乐毅论》风格如出一辙。（图二十八）

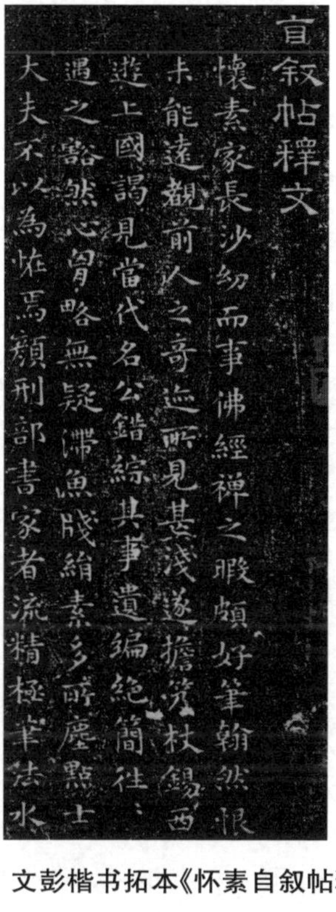

图二十八　文彭楷书拓本《怀素自叙帖释文》局部

文彭的行草书，最早受父亲的影响，但后来同样上追北宋书家以及晋唐书风。文彭早年的行草书风格，主要吸收了米芾的笔法以及唐代孙过庭小草的风格，用笔迅疾挺拔但字形相对平整，字势也更多地洗去了孙过

① 王世贞：《吴中往哲像赞》，载《弇州四部稿·续稿》卷一百四十九，《影印文渊阁四库全书》第1279册，上海古籍出版社，1989年版，第457页。

庭小草的精到与圆融，甚至还融入了怀素小草《千字文》的平淡与虚和。王世贞在《艺苑卮言》中有云："行草则彭有怀素、孙过庭法，而伤率弱。临摹双钩，俱我朝第一手也。"①

文彭喜为草书，并推崇晋人格调，认为"盖草书不入晋人格，辙终成下品"。②文彭有作《草书文徵明诗二首》长卷，钤有"国子先生"朱文引首印，名款下钤有"文彭之印"与"寿承氏"两方白文印。(图二十九)无题跋与收藏印鉴。题签为："明文国博草书长卷(此为隶书)，疁城汪氏珍藏，去疾署(此为行楷)。"无钤印。疁城乃上海市嘉定区之别称。此草书长卷书文徵明诗二首，前一首为《新燕篇》，收录于《文氏五家集》卷四中；后一首为《明妃曲》，收录于《甫田集》卷七和《文氏五家集》卷四中。细观此卷，无论其草法还是章法布局上均极具怀素《自叙帖》之意，转折不作明显提按，而用中锋篆法，卷中出现诸字皆大于其他字二三倍的布局。同时，此卷中"一""舞"等字明显遗有祝书痕迹。整幅书写飘逸流畅，纵意恣情，行笔疾速，一气呵成，兼得祝书放纵驰骋之意。

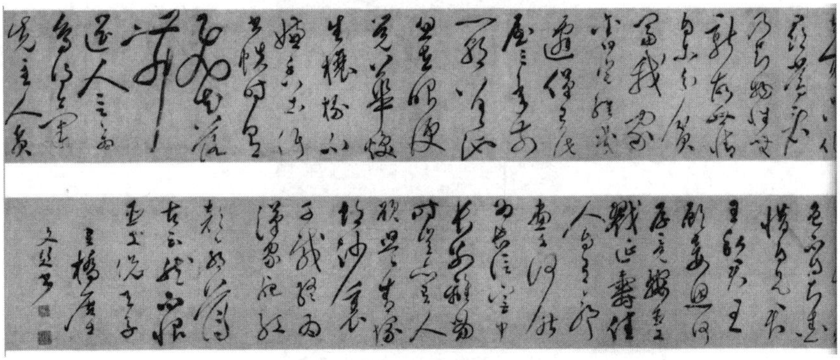

图二十九　文彭草书文徵明诗二首(局部)

今藏于台北故宫博物院的《草书滕王阁序》，内府收藏，则显得成熟老练，文雅从容。(图三十)全篇61行，每行字数不一，共计717字。很自然地体现出文彭长期学习孙过庭的痕迹：在笔法上提按变化丰富，使转圆转流畅又劲健硬朗。在用锋方面，则突破了中锋为主的情况，而大量使用侧

① 王世贞：《艺苑卮言》，载《明清书法论文选》，上海书店出版社，1994年版，第181页。

② 李日华撰：《六研斋笔记》，《影印文渊阁四库全书》第867册，上海古籍出版社，1989年版，第584页。

锋，这就使得点画的形态变化多端。因为中锋取凝练，能解决点画的质感，侧锋取妍媚，能解决点画的形态。以此作前半部分为例，许多钩挑，尤其是向右上挑出的钩法，如“庐”“光”的末笔，以及大量的圆转出锋的处理，如“新”“兴”“而”“荆”“列”的末笔，在经过轻提笔右转后迅速侧按笔，增加点画的厚度和轻重对比，再快速出锋变为中锋。还有“交”字后两笔的侧锋转中锋的变化更明显，这种笔法显然是由孙过庭转化而来。当然，若我们仔细看整幅作品的用笔，则不难发现，尽管文彭作品的线形对比明显，侧锋运用很得体，但他的中锋运笔还是弱了一些，点画有琐碎感。

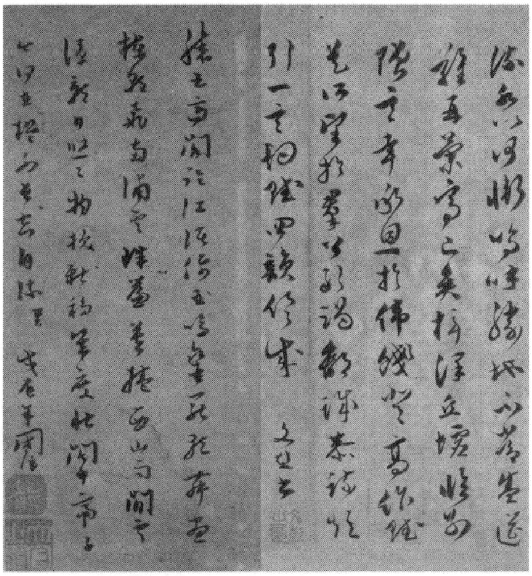

图三十　台北故宫博物院藏文彭《草书滕王阁序》

现藏于苏州博物馆的《壶梁作山水卷》，是文彭与其兄弟文嘉在1567年合作的诗画卷，画面前部分是文嘉所绘的山水，后段是文彭草书唐代诗人卢仝的饮茶诗，其所写草书受到文徵明在后期狂草风格的影响，其狂草纵逸不羁的笔法与跌宕的结体，一气呵成，枯笔飞白，自然生动。

而在文彭六十岁入仕后，据统计，其所作书法作品传世的有：嘉兴任期，天津艺术博物馆藏《草书傲园杂兴诗册》，上海博物馆藏《隶书前后出师表卷》；丁父忧里居期，北京故宫博物院藏《草书千字文卷》，天津艺术博物馆藏《草书雅琴篇卷》，吉林省博物馆藏《草书花下吟册》；北京故宫博物院藏《草书滕王阁序卷》，穰梨馆过眼录《行书醉白堂记轴》；进京候补期，天津艺术博物馆藏《草书千字文册》；顺天府学任期，北京故宫博物院藏

《草书塞下曲卷》;北监任期,《中国美术全集·明代书法》著录《闲中即事诗卷》,《石渠宝笈》著录《小楷千字文册》,《中国书画家印鉴款识》著录《草书古诗十九首》,上海博物馆藏《行书古诗十九首卷》,《改订历代绘画编年表》著录《楷书广川书跋册》,苏州博物馆藏《草书卢仝饮茶诗》,北京故宫博物院藏《草书贾谊论卷》,北京故宫博物院藏《行书洛神赋扇》;南监任期,台北故宫博物院藏《草书七言律诗卷》,北京市文物商店藏《草书赤壁赋卷》,荣宝斋藏《临晋人帖册》,天津艺术博物馆藏《草书出师表》,北京故宫博物院藏《草书千字文卷》;考绩致休期,北京故宫博物院藏《草书杂花诗十六首卷》,上海博物馆藏《行书赤壁赋》,南京博物院藏《行书古诗十九首卷》。以上作品草、行、隶、楷各体具备,足见其任教官职的清闲。除此之外,文彭亦有很多题跋传世,如黄公望《富春山图卷》、文徵明《花游图卷》、谢时臣《清音雅集图卷》等。(图三十一)

图三十一　文彭、钱穀作《溪山揽胜图》

四、诗文艺术

文彭"生而聪颖,读书过目不忘,十岁能属文,长益超卓",他不仅仅继承了其家族的艺术传统,同时亦延续了家族文学传统。文彭善诗文,并有作品传世。其诗歌以五言和七言律诗为主,皆直抒胸臆,有感而发。现存可见的有《文三桥诗稿》《博士诗集》二卷,以及散见于各种书画录中的题画诗,书札二十四则,书画题跋等。文彭、文嘉诗文成就不及其父,但也得到世人肯定:"吴人张凤翼曰:'文太史诗未必上超开元,佳者亦不失大历,后生小子，信口诋訾，迨国博（文彭）郡博（文嘉）之作，谓之文家诗……亦各有致，可尽訾乎！'"[①]张凤翼，字伯起，号灵虚。南直隶苏州府长洲（今属苏州）人。与弟燕翼、献翼并有才名，时人号为"三张"。与文彭交好，认为他"心无城府，言无畦径，充乎陶韦之徒也。顾不习为苦吟，不易稿，或对客立就，或散步率成，任性挥洒"[②]。其弟张献翼亦认为文彭为诗讲究自然而不雅意求工。可见他们对文彭的人和诗都是持肯定态度的。许穀认为文彭"诗宗陶谢，后效李白，援笔立成，宛有法度"[③]。

古代文人向往着平和淳朴的闲适生活，思归田园，淡逸宁静，追求心灵的放松与自由，以文寓情，这是文人的共性特质和诗文的永恒主题。文彭诗中也时时显露出一种恬淡朴素的自然之美，不显秾丽之态。文彭的诗音节清亮，节奏明快。按其内容的不同可以大致分为以下几类：

交游酬赠诗。文徵明晚年时，二子彭、嘉更多地担负起与各界人士进行社交活动的任务，因此他们与苏州以及周边的无锡、嘉兴等地的收藏家多有来往。在文彭为官的十五年间，他的交游也是相当广泛的。在这期间，文彭与一些来自全国各地的文人交往密切，偷闲交游、吟诗试棋，生活虽不富裕，却自然清淡，创作了一批交游酬赠诗。如其曾写给华云的《送华从龙会试》《华从龙邀游石湖不赴次韵》等诗作，标示着两人的交谊，并曾记述自己与华夏的交往曰："余每造其真赏斋，必焚香盥手，尽出以阅，终日忘倦，盖余与中甫忝为书画友，每一见必各出所得所见，辄相较量，自谓不在海岳仲永巨济之下。所谓功名皆一戏，未觉负生平者也。"[④]诸如此类和好友交游、燕集分韵唱和之作还有很多，如《徐子与席上分韵》《黎惟敬小集得霜字》《王绳武同游长干寺》等。从这些唱和之作中，可以想见当时文人雅士交游燕集时煮酒论道、下棋谈玄、弹琴高歌的情形，无限风流。这类诗中也不乏送别友人之作，如《别徐允升次段子辛韵》《送张十二

---

① 钱谦益：《列朝诗集小传》，见周骏富辑《明代传记丛刊》，明文书局，1991年版，第11册，第347页。

② 《文博士先生诗集序》，文肇祉辑：《文氏家藏诗集》之《博士诗集》，《北京图书馆古籍珍本丛刊》影印万历十六年（1588）文肇祉刻本，书目文献出版社，1996年版，第254页。

③ 许穀：《明两京国子博士致仕赠文林郎文公墓志铭》，收入褚亨奭编《姑苏名贤后纪·文氏五世志传》，赵诒琛、王保谌、王大隆辑《乙亥丛编十六种》第1册，民国二十四年（1935）铅印本。

④ 文彭：《华氏阁帖合璧诸跋》，载《珊瑚网》卷二十一，《影印文渊阁四库全书》第818册，上海古籍出版社，1989年版，第325页。

子饶之京》《送华从龙会试》等，诗人或寄寓浓浓的离别之情，或对友人的展翅高飞寄以美好的祝愿等。（图三十二）

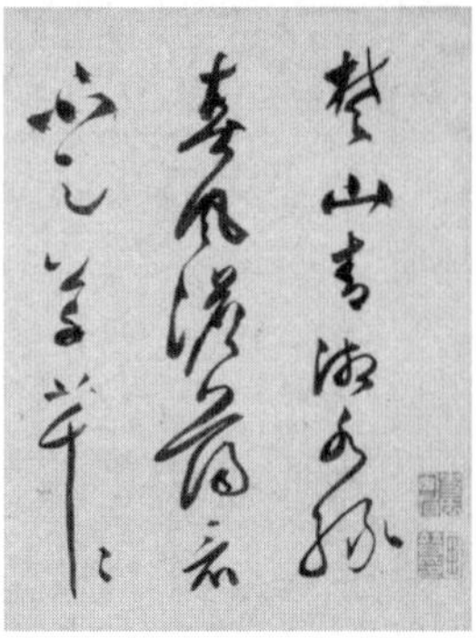

图三十二　文彭草书《渔歌子》局部

山水诗。文彭的山水诗基本继承了文氏家族，尤其是其父文徵明明白浅易、情韵婉转的特色，摹写明山丽水，饶有佳兴。文彭在嘉兴任职一年，因与苏州为邻，美丽的江南城市，风景秀丽，秀美的自然风光和公务的疏闲，使得文彭有更多的时间交游和创作。文彭曾在自著《博士集》中收录了多篇诗作描写嘉兴的美丽风光。如《游鸳鸯湖示项君》一诗，是游鸳鸯湖（今南湖）后赠项元汴之作："秀水亭前水荇香，鸳鸯湖上浴鸳鸯。远天箫鼓迎歌扇，倒影楼台浸女墙。华桨夷犹冲菡萏，竹枝欸乃和沧浪。莫言烦暑无由避，月照波光玉露凉。"[①]诗歌语言清丽明快，描写夏日自昼至夜泛舟鸳鸯湖上的景象，传达出清凉惬意的主观感受。

文彭山水诗中很多是汲取眼前景物，随兴勾勒，任意涂抹，笔落诗成，慷慨而歌。从细处着手，一山一水，一鸥一鹭，都描摹细致。观察入微，感情细腻。但文彭的部分山水诗作，又显得很富于力度和气势，大异于乃父之风，这可能跟晚年的文彭长期奔走于仕途，不似徵明长期闲居乡里有关，如他的一首石湖诗写道："西风着意吹乌帽，红叶如花落舞筵。痛饮狂歌非慢世，江山佳节自年年。"显得豪放挥洒，饶有兴致。又如《江中晓望》一诗："万壑争趋势独尊，金焦东下海为门。朝霞浴日雾欲灭，秋气横空天倒吞。荆楚仲宣频作客，沅湘正则几招魂。圣朝自愧独贫贱，满目江山总

① 文彭：《游鸳鸯湖示项君》，《明文博士诗集》上，收入文肇祉编《文氏家藏诗集》，万历十六年（1588）刻本。

泪痕。”[①]此诗作于其早年赴南京参加乡试后归乡途中。文彭年过六十方为恩贡入京，此前在科场也是屡战屡败，这首诗流露出一种英雄失志的情绪。文彭的这一类山水诗，寓情于景，借景抒怀，描写应试、为官途中奔波之苦的愧悔，表现对自由生活的渴求，而时运不济、功业难成的痛苦往往加重了身不由己的感受，加大了理想与现实的落差。

咏物诗和题画诗。作为书画世家的文氏族人，向来是擅长此类题材的，文彭从年轻时就深得家风熏陶，常为书画题诗作跋，这一类的诗歌委实不少。均散见于《式古堂书画汇》《秘殿珠林》《珊瑚网》《书画题跋记》《书画题跋记·续题跋记》《六艺之一录》等书中。这些诗或题写于扇，或书写于屏风，当然更多的是题画之上。他素喜兰竹，正像他自己所说：“性喜兰竹，每见古人所作，辄欲效之。然不能得其仿佛。暇日，偶想象写此数幅，米老所谓若见真迹，惭惶杀人者也。”[②]兰竹，是中国画中的“四君子”中的一种。文彭欣赏兰竹虚心向上、高风亮节的气节，更自比兰竹。如一首五绝《题画兰》：“光风薄丛兰，奕叶有余香。莫以一枝少，九畹亦同芳。”[③]（图三十三、图三十四）

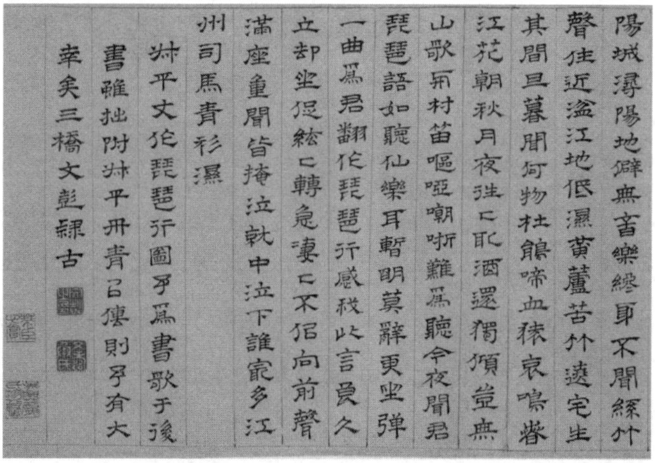

图三十三　文彭于陆治《浔阳秋色图》侧长题隶书《琵琶行》局部

---

① 文彭：《明文博士诗集》上，收入文肇祉编《文氏家藏诗集》，万历十六年（1588）刻本。
② 卞永誉撰：《式古堂书画汇考》卷三十七，上海古籍出版社，1991年版，第572页。
③ 文彭：《明文博士诗集》上，收入文肇祉编《文氏家藏诗集》，万历十六（1588）年刻本。

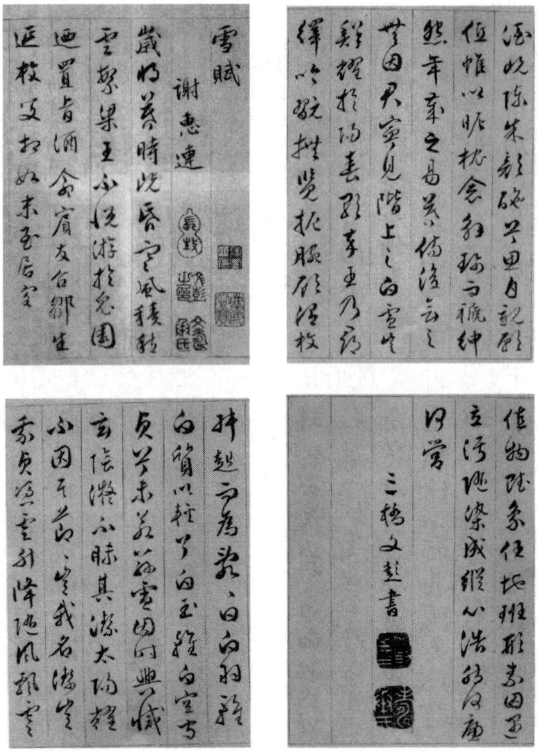

图三十四　文彭书《雪赋》(局部)

通过此诗,我们可以想见画面之清幽:一枝兰花,在月下摇曳生香,后二句化用《离骚》典故,写出兰花的芬芳灵秀,与前之独立高洁相映衬,表达作者对此画所承载的幽雅意境的喜爱。诗中有画,画中有诗。另一首:“幽谷质不变,入室觉无香。所以君子心,两两自相忘。”兰生空谷,幽香自赏,洗净尘华,去除绮丽香泽的姿态,以清婉素淡的香气长葆本性之美。这是一种“人不知而不愠”的君子风格,更是一种属于林泉隐士的气质,一种文化通性。因此,文彭的题兰诗正是借题诗来抒发寄寓自己的情感与希冀,并借以自喻。

作为书法和金石领域大师级的人物,文彭同样留下了众多的书画题跋,从中我们可以看到文彭对艺术至境孜孜不倦的追求,同时这些长则数百字、短则数十字的小文,往往随感而发,直抒胸臆,可看到他累于红尘、向往自由闲适生活的心境。

五、鉴赏艺术

文徵明曾说："余有生嗜古人书画，尝忘寝食。每闻一名绘，即不远吉百利，扁舟造之，得一展阅为幸。"[①]可见其对于古书画的喜好。至文彭、文嘉一代，文化家族已收藏甚丰，除了祖辈多年的积累外，还因师承、世谊等关系而与当时收藏名流广泛交游：文徵明的老师沈周、李应祯都是当时著名的藏书家，文徵明父子与著名鉴藏家张丑之祖父为姻娅世好；文徵明自己所作的作品众多，并与文氏兄弟周边一群交好的对书画艺术有着浓厚兴趣的人形成的文人团体。这些作品及交游往来不仅深刻地影响着文彭的鉴赏趣味、鉴赏能力，更是对其创作有着决定性影响。得自父亲的亲授，文彭具备超常的鉴定眼力。在文徵明的晚年及生后，各方求画、求字、求文、求鉴定的造访者又不绝于门时，文彭与其弟文嘉逐步地成长、成熟起来，承父衣钵，渐渐独立担纲起苏州地区鉴藏家群体中的鉴定核心。

嘉兴项氏以收藏著名，可称得上是历史上最大的私人藏家。早年与文徵明有所交往，文徵明长项元汴五十五岁，之后更多的则是文彭与项家的交往。文彭在嘉兴任职期间，是他与项笃寿、项元汴兄弟往来最频繁的时期。现藏于旅顺博物馆的文彭致项元汴信札二十通，是文彭作为项元汴的鉴定顾问的明确的证据。从札中可以得知，往来书信多为项元汴希望文彭帮其鉴定，文彭为其陈述作品流传本末。信札的语言简练且口语化，生动地记录下了文彭与项元汴这对鉴赏家与藏家在当时的交往状况。

不仅为项元汴，文彭还替其他许多人鉴定书画。云间藏家顾从义所藏的《兰馨帖》，文徵明曾为其题识，鉴定为唐代张旭真迹。在文徵明的题跋之后实际上还有文彭的三跋。跋语分析得十分入微透彻，处处彰显其对于晋书精髓的领悟。

现藏于江苏无锡博物院《文徵明父子与无锡华氏家族书函》，则详细收录了文氏父子与明代无锡收藏家华氏之间的交往。其中文徵明信札八通十开，文彭的则有三通六开，一通致华世祯，两通致华夏。最后一通则

---

① 文徵明：《跋赵伯狗春山楼台图卷》，周道振《文徵明集》补辑卷二十三，上海古籍出版社，2014年版，第1310页。

是文嘉致华夏的，共两开。除涉及书画鉴藏外，还记录了一些日常生活琐事，充分说明了他们之间建立在共同爱好书画鉴藏上的友谊。其中文彭给华夏的信札如下：

彭顿首，书奉东沙契兄先生侍史，奉别以来，几易寒暑，思念之心，未尝少置。追想齿序，足下今年政七十耶，且闻有弄璋之庆。所谓"无官一身轻，有子万事足"，乐当何如？区区株守如昨，无足为左右道者，但得豫庵在此，与之同事，若不落寞耳。令侄海涛选官时曾相会，既而进表来京，又得一面。询知动静安好，深慰远怀。近日此间一友用钱二百，收得柳公权书兰亭诗，前有裕陵签题，后黄伯思跋录绢上，书裱作册子，亦是宋内府物。今已将梨木草草刻成，尚未完。先寄一纸去，亦可以见天地奇物流传世间，但有造化者乃得之也。盛使一面即归，诸不能一一。若余豁家有人入京，不惜片楮以慰悬悬，切恳切恳。二月廿日，彭顿首。

文中涉及柳公权所书《兰亭诗》的鉴藏，由此可以窥见华、文两家在书画鉴赏方面来往的一些情况。

文彭家藏不多，仅有索靖的《出师颂》，在文嘉《钤山堂书画记》有注："吾家所藏本也，余兄弟皆有跋。"因未言及有文徵明跋，故算作文嘉家藏。苏轼所书《前赤壁赋》，在文嘉《钤山堂书画记》注曰："前缺四行，余兄补之，吾家本也。"

文彭精于鉴定，这从现存大量法书名画曾经文彭过手题跋也可得知。周天球称其"赏鹭古今法书名画，称具法眼"[①]。张应文《清秘藏》将其列入古今鉴赏名家。所以当其晚年，鉴赏水准及声誉自然更高，延请其鉴赏者益多。值得关注的是，文彭作为鉴定顾问的角色于今看来已有向高级书画掮客方向发展的趋势。有文献表明，文彭将自家的藏品出售给项元汴。据詹景凤《东图玄览编》卷三"王太常藏索靖书史孝山出师颂"条下注曰："其一本则文寿承于都下买得，数年后以七十金售与项元汴。"[②]詹景

① 《赵子固墨阑图并题卷》，卞水誉《式古堂书画汇考》卷四十五，上海古籍出版社，1991年版，第643页。

② 詹景凤：《东图玄览编》卷三，1947年故宫博物院抽印单行本，第26页。

凤与项元汴有着不错的交情，曾在项家亲眼见过此作，所记应不虚。

第二节　文彭取得艺术成就的因素分析

文彭在文学和艺术上均取得了相当的成就，在整个文氏家族中，论名望而言，文彭可称仅次于文徵明，其在书法和印学上的影响甚至不亚于文徵明。文彭取得如此成就，是多重因素影响下的结果。

一是社会大环境的变化与影响。明代江南社会的变动与明代的集权统治很明显地形成了逆向的走势，多元化取向和消费风气的越礼逾制也因此有了可能，这也就从社会基础层面促进了明代中后期江南地区的文化迅猛发展，并以此为中心开展了各类艺术品的创作、交易、鉴藏等活动；同时，江南地区人文荟萃、经济繁荣，农业、手工业和商业之发达皆为全国之最，成为明王朝倚重之财赋命脉。由此，江南地区在物质生活和精神生活的各个方面，皆形成其特有的民风民俗。尽管明代中央政府对地方实行了强有力的干预和制约，但传统习俗对社会的影响力始终顽强地表现出来。历史上多次经济中心的南移，实际上也是文化中心的南移，因此，唐宋以来，江南乃"人文荟萃之地"，由于文化、教育事业的不断发展，江南科第居天下之先，除家学渊源、经济实力等原因外，整个地区的文化、教育水平较高更是一个重要因素。明代民间文化的发展及层间文化的互动促进了明代文化的多层发展，这也成就了一个时代文化的特点。明代中叶的艺术有了明显的发展，戏曲、音乐、绘画等领域都出现了一批重要的作品；江南地区内区域文化的发展，促使明代中后期江南地区呈现出了文化雅俗合流、雅俗共赏的局面，文豪诗杰多出江南，吴门书画独主艺坛，此时人文荟萃的江南为全国文化中心，已是不争的事实。

此种社会生态，自然对文彭的人生经历、仕途追求、社会交往、艺术成就产生了诸多影响。

二是家族传统与家族性格。可以说，文氏家风是以"和""介"为典型特征的，在政治、社交、思想、文化等方面将二者完美结合。"和""介"的文氏家风与刚柔相济的吴文化发展特征是一致的。[1]长洲文氏家族是当时一个颇具特色的文化世家，其家族成员遍布文坛、画坛、书坛，以诗文笔翰蜚声当世，且代代相传，各代均有闻名于时者。以文林为代表的文彭长辈，受到长洲文氏家族勤奋自勉家风的浸染，一直影响整个文氏家族后来的发展。家族"仁爱""忠孝"的传统，"仁厚"的家族性格，促使文彭恪守儒家传统；家族长辈平和雅正的心态与"和"而"介"的处世风格，对文彭的性格养成和社交风格，也起到一定的推动作用；家族崇儒好学，以科举应试入仕途为重的家族观念，也促使文彭走上了求仕之路；另外家族前辈丰硕的艺文成就，也在潜移默化间促使文彭取得至高的艺术成就。

文姓不仅是中国古代最古老的姓氏之一，且其姓氏与中国传统儒家思想学说的形成与发扬紧密相连。[2]文氏家族的远祖中，就不乏儒家学说的发扬与力行者，他们以"仁爱""忠孝"为本，或具军事谋略才能，或博学多能，并力倡以"文雅"教化社会风气，这一点也正与文彭的艺术风格有着类似之处。

文洪为人低调谦逊，"古貌古心，清苦力学"，"讷焉如不能言"[3]，他曾自况其诗"如春山早莺，初出深谷，舌弱语涩，不能成声"[4]。这种内向而不事张扬的性格特征极为文氏后人所看重，文徵明"生而少慧，貌古神完，八九岁语言犹不甚分明，他人或易视之。而其兄奎爽朗俊慧"。文林却说："此儿他日必有所成，非乃兄所及也。"弘治十一年（1498），文徵明好友都穆、唐寅分中进士和南京解元，而文徵明则看似一无所成，文林在温州任上专门写信告诉他："子畏之才宜发解，然其人轻浮，恐终无成，吾儿他日远到，非所及也。"讲究脚踏实地，不惧大器晚成的家风确实深深渗透进文氏后代的个人发展观念之中，而文氏内敛蕴藉的文学、艺术风格，显然也与这种家族品性密切相关。

同时，自长洲文氏家族定居吴中以来，家中皆以科举为荣，自文惠之后，文洪、文林、文森皆入仕，其后的子嗣也多次参加科举考试，这种家族的习惯，也在影响着文彭，推动着他一直延续家族的这个传统，虽然十试

---

① 陶莎莎：《明清时期苏州文氏世家研究》，苏州大学2009年硕士研究生毕业论文，第56页。

② 凌利中：《文徵明家族的文脉及早期艺术活动》，《中国书法》，2016年第4期，第120页。

③ 王鏊：《文涞水诗集序》，载文肇祉编《文氏家藏诗集》，万历十六年（1588）刻本。

④ 文洪：《括囊稿自序》，收入文肇祉编《文氏家藏诗集》，万历十六年（1588）刻本。

不举，但却仍然坚持走向仕途，这一点受到其先辈们的影响是必然的。

文氏之先本为武胄，从长洲支始祖文惠开始，方才弃武从儒。真正发展要从文惠子文洪始，再经其儿子文林、文森的发展，文氏家族才在文学领域取得了一席之地。至四世文徵明出，为文氏家族的文学、文艺传统奠基，同时，亦使之臻于鼎盛。文彭身为文徵明长子，自幼受到父亲的督促和指导，得到了很好的成长环境和家学熏陶，幼承家学。“太史翁乞休林下几四十年，而先生日侍左右奉翁，登览名山，周旋觞咏，靡日不畅。”良好的家世和教育背景提高了文彭诗文书画的综合修养，为文彭日后艺术的发展奠定了坚实的基础。虽无法超越文徵明，但亦慨然接力，延续了其家族文、艺兼修的传统，并同时享誉盛名于当时之吴中。

三是广泛交游与学习。文彭无论是年轻时跟随父亲交游，还是入仕后任职各地的数十年中，得到了与父亲的友人、学生，以及自己所结交各类人士的广泛交流机会，为人又“赋性坦夷，中无城府，待人无分疏戚隐显，一以宽平和易处之，能令见者生敬爱心”，于是“四方杰士咸乐与为交”[①]。由于父亲的关系，文彭年轻时即得到了同祝允明、王宠等众多名士唱和的机会，其眼界、交游圈和影响均得以大大扩展。除了前辈名家，亦有同辈知己好友，其中既包括与文氏有亲戚关系的王穀祥、王同祖，也包括父亲的好友及学生辈。文彭与弟弟文嘉早年曾师事汤珍，他与王宠也过从甚密。同时，文彭与彭昉、彭年、钱穀、陈淳、周天球、华云、张凤翼及袁氏兄弟等人皆为好友，与王世贞、王世懋兄弟也有交往。文彭任职于南北两京之时，交游亦是相当广泛。除了前文提到的嘉兴巨富兼大收藏家项元汴、项笃寿兄弟，在北京期间，文彭与官场同仁及艺苑同好多有交游。如阁老徐阶，顾从礼、顾从义、顾从敬三兄弟等。文彭与广东书画家在京群体的交游也十分频繁，包括擅长书法的广东从化人黎民表，“南园后五子”成员之一的广东顺德人欧大任，等等。书法、绘画和篆刻是文彭与人交游的重要联系纽带。正是在人生的不同阶段，文彭都有大量的机会，同来自不同区域、不同领域、不同辈分的各类人士交游，给予自己大量

① 许穀：《明两京国子博士致仕赠文林郎文公墓志铭》，收入褚亨奭编《姑苏名贤后纪·文氏五世志传》，赵诒琛、王保谌、王大隆辑《乙亥丛编十六种》第1册，民国二十四年(1935)铅印本。

的学习、切磋、交流机会,其个人的艺术造诣才能得到不断提升。

四是不断地从事艺术创作与实践。文徵明曾说:“余有生嗜古人书画,尝忘寝食。每闻一名绘,即不远吉百利,扁舟造之,得一展阅为幸。”[①]可见其对于艺术作品的痴迷。文彭在这一点上,应当是完美地继承了父亲的这一特点,如果说文嘉等人只是擅长某一类艺术形式的话,那么文彭可以说是各类艺术形式创作与实践的集大成者。从年少时开始,直至在京致仕,人生的数个重要阶段,文彭都花费了大量的时间,从事各类艺术作品的创作与实践。文彭在父亲文徵明去世后,得到其父收藏的百余件作品,加之文徵明自己所作的众多作品,这笔巨大的宝贵财富,也深刻地影响着文彭的鉴赏趣味、鉴赏能力,更是对其创作有着决定性影响。同时,文彭自己也热衷于参与到各类艺术作品的鉴藏活动之中,晚年任职北京期间,虽然已经年逾八旬,频繁工作之外,闲暇之余,每每不忘于街头巷尾,拾漏捡缺。文彭在书画市场参与经济活动,利用收藏进行射利,历来褒贬不一,但从某种意义上说是对他专业知识的一种经济回报,正是这种经济回报的良性刺激,使得他在书画篆刻创作与鉴藏方面能够更加从容和投入。在文彭眼中,他更关注的是藏品的使用价值,利用所拥有的藏品进行临摹学习,开拓眼界,当这种使用价值失去以后,便再利用其剩下的经济价值去换取另外一件艺术品使用价值。他奉行“勿留置于物”的观点,在射利与雅玩之间找到了平衡点,不失为一种积极的文化消费主义,带动了明晚期文化艺术活动的参与度,也促进了艺术交流的发展与普及。

五是文彭的个人思想与性格。同父亲文徵明的谨言慎行、温柔敦厚不同,文彭意气张扬,个性豪逸。而对于仕途的追求,也同父亲文徵明有着明显的差异。文徵明始终怀抱着儒家的治世理想,对于仕途的坎坷其实有些耿耿于怀。而文彭面对仕途中的不快与挫折,并不以之为意,无论进退,皆称心而受。这一不同,王世贞在其《弇州四部稿》中已说得很清楚,即:“父子俱有艺文,而俱不得志于科目。羸马青衫,潦倒散局。然父视之若蜡,而子甘之若饴。各行此是,不论彼非。”

---

① 文徵明:《跋赵伯狗春山楼台图卷》,《文徵明集(增订本下)》补辑卷二十三,上海古籍出版社,2014年,第1310页。

参考文献

一、基础文献

1.《续修四库全书》,上海古籍出版社,1989年版。

2. 王绮:《寓圃杂记》,中华书局,1984年版。

3.《影印文渊阁四库全书》,上海古籍出版社,1989年版。

4. 张庚:《国朝画征录》,上海人民美术出版社,1963年版。

5. 文震孟撰:《吴中小志续编》,广陵书社,2013年版。

6. 文含:《文氏族谱续集·成都世系表》,民国十八年(1929)曲石精庐刻本。

7. 顾诒禄:《云岑杂著序》,乾隆二十三年(1758)刻本。

8.《中国地方志集成》,江苏古籍出版社,1991年版。

9.《四库全书存目丛书》影印北京图书馆藏明刻本,齐鲁书社,1997年版。

10. 俞允文:《俞仲尉先生集》,万历十年(1582)休宁程善定刻本。

11. 佚名:《我川书画记》,明国铅印本。

12. 文肇祉编,《文氏家藏诗集》,万历十六年(1588)刻本。

13. 钱曾:《读书敏求记》,书目文献出版社,1984年版。

14. 邓之诚:《骨董琐记》,中国书店,1991年版。

15. 沈节甫辑:《纪录汇编》,商务印书馆,民国二十七年(1938)影印明万历本。

16. 赵均:《寒山金石林部目》,新文丰出版公司,1986年版。

17. 皇甫汸:《皇甫司勋集》,《日本内阁文库藏明代稀书》第2476册。

18. 赵诒琛、王保谌、王大隆辑《乙亥丛编十六种》,民国二十四年(1935)铅印本。

19. 卢辅圣主编:《中国书画全书》,上海书画出版社,2000年。

20. 周亮工:《印人传》,《故宫珍本丛刊》,海南出版社,2000年版。

21. 上海图书馆编:《上海图书馆藏明代尺牍》,上海科学技术文献出版社,2002年版。

22. 张鲁泉、傅鸿展主编:《故宫藏明清名人书札墨迹选》,荣宝斋,1993年版。

23. 丰坊:《万卷楼遗集》,万历十五年(1587)刻本。

24. 陶梁:《红豆树馆书画记》,光绪八年吴趋潘氏靴园刻本。

25. 李日华:《味水轩日记》,民国吴兴刘氏嘉业堂本。

26.《四库禁毁书丛刊》,北京出版社,2000年版。

27.《明代论著丛刊》,伟文图书出版社,1976年版。

28. 陈田撰:《明诗纪事》,上海古籍出版社,1993年版。

29. 姜绍书:《中国书画全书》,上海书画出版社,1992年版。

30. 苏宣:《苏氏印略》,万历年间钤印本。

31. 朱谋垔:《画史会要》,上海书画出版社,1992年版。

32. 魏锡曾:《赖古堂残谱》,西泠印社,1990年版。

33.《历代印学论文选》,西泠印社,1990年版。

34. 卞永誉:《式古堂书画汇考》,上海古籍出版社,1991年版。

35. 詹景凤:《东图玄览编》,1947年故宫博物院抽印单行本。

二、研究论著

1. 周道振、张月尊纂:《文徵明年谱》,百家出版社,1998年版。

2. 陈江:《明代中后期的江南社会与社会生活》,华东师范大学2003年博士学位论文。

3. 廖可斌:《明代文学复古运动研究》,上海古籍出版社,1994年版。

4. 潘光旦:《潘光旦选集(第一集)》,光明日报出版社,1999年版。

5. 杨昇:《明代艺文家族的地域分布与概况》,江西科技师范大学学报,2016年第二期。

6. 陈寅恪:《金明馆丛稿初编》,上海古籍出版社,1980年版。

7. 杨昇:《长洲文氏家族文学研究》,苏州大学2011年博士学位论文。

8. 周骏富辑:《明代传记丛刊》,明文书局,1991年版。

9. 刘东芹:《文彭晚年书法篆刻活动及两京行迹考述》,《书画艺术学刊》,2009年第3期。

10. 周新月:《文彭仕途事迹考》,《当代中国论文书法选·印学卷》,荣宝斋出版社,2010年版。

11. 周新月:《文彭年表》,《中国篆刻》,1997年第3期。

12. 周新月:《文彭事迹考证札记》,《书法研究》,1989年第4期。

13. 朱彝尊:《静志居诗话》,人民文学出版社,1990年版。

14. 周道振辑校:《文徵明集续辑》,周道振自印,第111页。

15.《西泠印社百年社藏精品》,西泠印社,2004年版。

16. 徐邦达:《徐邦达集》,紫禁城出版社,2006年版。

17. 石志廉:《记文彭为父母造石释迦像》,《文物》,1994年第6期。

18. 潘运告编:《中国历代画论选》,湖南美术出版社,2007年版。

19.《明董其昌墨迹两种》,上海人民美术出版社,1988年版。

20. 韩天衡:《历代印学论文选》,西泠印社,1999年版。

21. 张慧剑:《明清江苏文人年表》,上海古籍出版社,1986年版。

22. 薛龙春:《明中后期吴门文人篆刻考论》,《文艺研究》,2017年第09期。

23. 刘丹:《关于文彭篆刻艺术形成原因的思考》,中国艺术研究院2011年硕士论文。

24. 赵宏:《文彭对篆刻艺术的中兴之功》,《书法世界》,2005年第2期。

25. 韦佳:《文彭篆刻风格特点分析》,《南京艺术学院院报·美术与设计版》,2011年第04期。

26. 孙祖慰、俞丰编著:《印里印外——明清名家篆刻丛谈》,上海书店出版社,2001年版。

27. 黄节厚:《南川征集的“三桥”龟纽篆印》,《四川文物》,1993年第06期。

28. 陶莎莎:《明清时期苏州文氏世家研究》,苏州大学2009年硕士研究生毕业论文。

29. 凌利中:《文徵明家族的文脉及早期艺术活动》,《中国书法》,2016年第4期。

后　记

文彭生平致力于艺术的实践与探索，文氏一门也是声名远播，文学艺术成就可谓光辉熠熠。对于文彭的研究，前人成果丰硕，尤其是当代吴门篆刻家代表人物周新月老师和南京大学历史系博士后刘东芹老师。两位老师撰写的《文彭仕途事迹考》《文彭年表》《文彭事迹考证札记》《文彭晚年书法篆刻活动及两京行迹考述》等一系列文章，对文彭展开了详细深入的研究。对这些前人研究著作的研读，对晚辈编著这本小书起到了莫大的帮助。

在翻阅大量的文献与资料后，笔者发现前人对于文彭研究，主要还是侧重于其艺术领域的成就和生平事迹的考察。对于文彭所处的社会、文化圈、家族、师承关系，及创作的各类艺术作品的梳理，依旧较为缺乏。于是对《文彭传》的编著，就分别从“明中后期的江南社会与文化艺术”“文彭的生平与家世”“文彭的主要艺术成就及因素分析”三个方面，开展了相应的讨论。其中文彭的师承关系、文彭的交游圈落，文彭各类艺术成就的梳理，是学界关注较少的内容，撰写起来也较为容易；文彭的生平事迹，在前人研究的成果上加以整理，虽然有所探讨，还有待深入；文彭所处的社会与家族，对此笔者是门外汉，编著这部分内容，还是参考了诸多方家的成果。这三大部分内容在吸收现有研究成果的基础上，勉强敷衍成文，晚辈深感汗颜。

关于这本小书的内容，在现有的条件下，要做到主题突出，详略得当，又要深入浅出，通俗易懂，自然不是一件易事。限于能力与精力，文章整体上还是较为粗浅，对于文彭各类艺术成就的梳理和因素的分析，还并不完整，希望以后可以进一步完善。当然，这本小册子能够问世，还要感谢南京市文化遗产保护研究所的邵磊老师的辛勤指导，还要对关于文彭研究的诸多学者深表谢忱,没有他们的研究成果作为参考,本书的撰写将会更加困难重重。

最后,我还要对凤凰出版社的编辑表示由衷的感谢。正是他们反复地审阅和辛勤地编辑,才促成了小书的面世。